GUILLAUME MARINETTE
PHOTOGRAPHIES DE DAVID JAPY
STYLISME DE CHRISTINE LEGERET

le grand livre des GROS APÉROS

180 RECETTES CRÉATIVES POUR APÉROS FESTIFS

MARABOUT

le grand livre des
GROS APÉROS

Sommaire

Les salés

Minicannelés

PRÉPARATION 15 MIN | CUISSON 38 MIN | REPOS 5 MIN

POUR 6 PERSONNES

300 g de chou-fleur
40 g de farine
1 œuf entier + 1 jaune
15 cl de lait
50 g de parmesan râpé
15 g de beurre
1 pincée de muscade râpée
Sel, poivre du moulin

RECETTE

- **Détacher les bouquets du chou-fleur, bien les nettoyer. Dans une cocotte, placer le chou-fleur avec 4 cm d'eau et refermer. Faire cuire à feu moyen 18 minutes (vous pouvez aussi faire cuire au micro-ondes, dans un récipient adapté, avec 13 cl d'eau pendant 6 minutes). Ils doivent être tendres.**
- **Les écraser finement à la fourchette. Laisser tiédir.**
- **Dans un saladier, mélanger la farine, l'œuf entier et le jaune, le lait, les trois quarts du parmesan, la moitié du beurre fondu, le sel et le poivre ainsi que la muscade. Bien fouetter et ajouter petit à petit la purée de chou-fleur.**
- **À l'aide du reste de beurre fondu, graisser les moules à minicannelés. Les saupoudrer avec le reste de parmesan.**
- **Remplir les moules et enfourner pendant 15 à 20 minutes à 180 °C.**
- **Laisser reposer dans le four chaud 5 minutes puis démouler.**
- **Servir chaud ou tiède, à l'apéritif ou en entrée avec une salade.**

Gâteau invisible à la raclette

PRÉPARATION 10 MIN | CUISSON 40 MIN

POUR 6 PERSONNES

4 pommes de terre moyennes
½ oignon
2 œufs
10 cl de lait
70 g de farine
20 g de beurre fondu
250 g de raclette
4 tranches de jambon cru
Sel, poivre

RECETTE

- **Émincer l'oignon et les pommes de terre épluchées en fines tranches. Réserver.**
- **Dans un saladier, fouetter les œufs avec le beurre fondu, la farine et le lait. Assaisonner. Ajouter de la noix de muscade si vous aimez.**
- **Ajouter les pommes de terre et l'oignon et bien mélanger.**
- **Dans un moule à manqué, disposer la moitié de la garniture, recouvrir avec des tranches de raclette, puis recommencer avec la garniture.**
- **Lisser le dessus à l'aide d'une spatule et enfourner 40 minutes à 200 °C.**
- **À la sortie du four, démouler sur une assiette après avoir laissé tiédir et découper en petites portions de 4 cm de côté environ.**
- **Couper chaque tranche de jambon en 5 et disposer un morceau de jambon par portion.**
- **Bloquer avec une pique et déguster.**

Grenailles quiche

PRÉPARATION 10 MIN | CUISSON 25 MIN

POUR 6 PERSONNES

12 pommes de terre grenaille
10 cl de crème liquide
70 g de dés de jambon
50 g de mozzarella râpée
1 œuf
1 cuillerée à café de muscade moulue

RECETTE

- **Laver les pommes de terre, regarder comment elles sont le plus stable, et découper le haut de chaque pomme de terre. À l'aide d'une boule parisienne, creuser l'intérieur des pommes de terre sans percer la peau.**
- **Dans un saladier, mélanger les œufs battus avec la crème liquide. Assaisonner et ajouter la muscade.**
- **Placer les pommes de terre sur une plaque recouverte de papier cuisson, disposer les dés de jambon à l'intérieur, puis l'appareil.**
- **Saupoudrer de mozzarella râpée et enfourner 25 minutes à 180 °C.**

Churros chorizo comté

PRÉPARATION 10 MIN | CUISSON 30 MIN

POUR 6 PERSONNES

400 g de pommes de terre
6 tranches de chorizo
125 g de comté râpé
70 g de farine
2 œufs
1 cuillerée à soupe d'herbes de Provence
1 cuillerée à soupe d'huile d'olive

RECETTE

- **Éplucher et faire cuire les pommes de terre 20 à 25 minutes.**
- **Après les avoir égouttées, les réduire en purée à la fourchette.**
- **Mixer le chorizo, et ajouter-le aux pommes de terre avec le comté râpé. Bien mélanger pour faire fondre le comté.**
- **Dans une casserole, porter à ébullition 10 cl d'eau avec une cuillerée à soupe d'herbes de Provence et d'huile d'olive.Ajouter la farine en une fois et remuer sans cesse.**
- **Hors du feu, incorporer les œufs un par un jusqu'à ce que le mélange soit homogène.**
- **Ajouter la purée au chorizo et bien mélanger. Remplir votre poche à douille munie d'une douille cannelée ou votre machine à churros.**
- **Dans une friteuse, chauffer l'huile à 180 °C. Plonger les churros 2-3 minutes par face. Ils doivent être bien dorés.**
- **Les égoutter dans du papier absorbant.**
- **Parsemer de sel et d'herbes de Provence.**

Muffins et cœur coulant

PRÉPARATION 10 MIN | CUISSON 50 MIN | CONGÉLATION 2 HEURES

POUR 6 MUFFINS

200 g de chou-fleur
40 cl de crème liquide
25 g de parmesan râpé
35 g d'emmental râpé
3 œufs
70 g de farine
1 cuillerée à café de muscade moulue
200 g de béchamel
Sel, poivre du moulin

RECETTE

- **Remplir 6 empreintes d'un moule à glaçons de béchamel et congeler pendant 2 heures minimum.**
- **Faire cuire les bouquets de chou-fleur dans de l'eau bouillante salée pendant environ 20 minutes.**
- **Égoutter puis mixer le chou-fleur.**
- **Ajouter la crème liquide, le parmesan et l'emmental, les œufs, la farine, la muscade.**
- **Assaisonner.**
- **Verser dans des moules à muffins en faisant attention à laisser un quart non rempli.**
- **Ajouter le glaçon de béchamel au centre de chaque muffin et l'enfoncer pour qu'il soit recouvert de pâte.**
- **Enfourner pendant 30 minutes à 180 °C.**
- **Déguster chaud ou tiède.**

Poires chicissimes !

PRÉPARATION 10 MIN | CUISSON 20 MIN

POUR 6 PIÈCES

1 pâte feuilletée
3 poires
100 g de roquefort
1 jaune d'œuf
50 g d'amandes effilées

RECETTE

- **Laver les poires. Les couper en deux et ôter le cœur. Faire des entailles sur la peau à l'aide d'un petit couteau. Garnir la poire de roquefort à l'emplacement du cœur.**
- **Dérouler la pâte sur du papier sulfurisé. Déposer les six demi-poires sur la pâte et découper la pâte à l'aide d'un couteau, en suivant les contours, à 1 cm de la poire. Ne pas hésiter à rajouter une ou deux feuilles pour l'esthétique.**
- **À l'aide d'un pinceau alimentaire, dorer au jaune d'œuf la pâte. Parsemer d'amandes effilées et dessiner à la pointe du couteau les nervures des feuilles. Enfourner 20 minutes à 210 °C.**
- **Déguster tiède ou chaud.**

Panna cotta au saumon

PRÉPARATION 15 MIN | CUISSON 18 À 22 MIN | RÉFRIGÉRATION 12 H

POUR 4 PERSONNES

½ chou-fleur
4 tranches de saumon fumé
2 feuilles de gélatine (4 g)
2 cuillerées à soupe d'aneth ciselé
20 cl de crème liquide
1 pincée de baies roses
1 cuillerée à soupe d'œufs de saumon

RECETTE

- **Détacher les bouquets du chou-fleur, les nettoyer. Dans une cocotte, les placer avec 4 cm d'eau et refermer. Faire cuire à feu moyen 18 minutes (vous pouvez aussi faire cuire au micro-ondes, dans un récipient adapté, avec 13 cl d'eau pendant 6 minutes). Ils doivent être tendres.**
- **Faire tremper la gélatine dans un bol d'eau froide.**
- **Découper de fines lamelles de saumon fumé, puis les recouper en deux pour avoir de petites longueurs.**
- **Faire chauffer la crème, sans la faire bouillir, dans une petite casserole.**
- **Hors du feu, mélanger la gélatine préalablement essorée à la crème.**
- **Mixer le chou-fleur au blender avec la crème jusqu'à l'obtention d'un appareil lisse. Laisser tiédir.**
- **Ajouter les lamelles de saumon, 1 cuillerée à soupe d'aneth et un tour de moulin de baies roses. Bien mélanger.**
- **Répartir dans des ramequins de service. Couvrir avec du film alimentaire et réserver au frais pendant 12 heures.**
- **Au moment de servir, décorer avec les œufs de saumon et un peu d'aneth.**

Choumous

PRÉPARATION 5 MIN

POUR 6 PERSONNES

500 g de pois chiches
300 g de chou-fleur cuit
2 gousses d'ail
5 cl d'huile d'olive
Le jus de 1 citron
1 cuillerée à café de cumin en poudre
60 g de tahiné ou 30 g de graines de sésame blanc
et 3 cl d'huile de sésame
Sel, poivre du moulin

Pour la décoration :
2 cuillerées à café d'huile d'olive
½ cuillerée à café de graines de cumin
Quelques feuilles de coriandre

RECETTE

- **Réserver quelques pois chiches pour la décoration.**
- **Mixer tous les ingrédients ensemble jusqu'à l'obtention d'un mélange homogène.**
- **Verser dans un plat de présentation, ajouter un filet d'huile d'olive, des graines de cumin, des pois chiches et quelques feuilles de coriandre.**
- **Déguster avec des pains pita, des légumes taillés en bâtonnets ou des tortillas par exemple.**

Salade thaïe de chou-fleur

PRÉPARATION 10 MIN

POUR 3 PERSONNES

1 petit chou-fleur
1 petit oignon rouge
2 échalotes
½ bouquet de coriandre
20 feuilles de menthe
20 feuilles de basilic
Le jus de 1 citron
4 cuillerées à soupe de sauce thaïe
3 cuillerées à soupe de cacahuètes en morceaux
1 salade sucrine

RECETTE

- **Découper les bouquets du chou-fleur et les râper.**
- **Émincer l'oignon et les échalotes finement, ciseler les herbes et ajouter le tout au chou-fleur râpé.**
- **Ajouter le jus de citron, la sauce thaïe, les morceaux de cacahuètes. Mélanger.**
- **Disposer le mélange dans des feuilles de salade et servir.**

L'heure du maki

PRÉPARATION 15 MIN | REPOS 10 MIN

POUR 12 MAKIS

3 tranches extralarges de pain de mie
¼ de concombre
½ avocat
¼ de mangue
75 g de saumon cru
150 g de fromage frais (ail & fines herbes, facultatif)
50 g de graines de sésame noires et blanches
75 g de thon
5 cl de crème liquide
3 cl de vinaigre de riz (facultatif)

RECETTE

- **Couper le concombre, l'avocat, la mangue et le saumon en bâtonnets.**
- **À l'aide d'un rouleau à pâtisserie, presser les tranches de pain de mie. (Facultatif : verser quelques gouttes de vinaigre de riz.)**
- **Étaler du fromage frais sur l'ensemble des tranches.**
- **Sur chaque tranche, mettre l'une de ces garnitures sur toute la longueur du bord :**
  - bâtonnets de concombre ;
  - bâtonnets de mangue et saumon ;
  - bâtonnets d'avocat et thon.
- **Rouler en serrant bien. Disposer dans du film alimentaire.**
- **Laisser reposer au congélateur 10 minutes. Retirer le film alimentaire puis rouler dans la crème liquide et les graines de sésame. Couper chaque roulé en 4.**
- **Déguster frais.**

Galettes au chèvre

PRÉPARATION 10 MIN | CUISSON 15 MIN

POUR 4 PERSONNES

2 pâtes à pizza
1 bûche de chèvre
½ bouquet de coriandre
1 cuillerée à soupe d'huile d'olive

RECETTE

- **Dérouler les pâtes et à l'aide d'un bol, découper 8 disques.**
- **À l'aide d'une fourchette, écraser la bûche de chèvre et la mélanger avec la coriandre émincée.**
- **Placer une cuillerée à soupe du mélange obtenu sur 4 des disques. Recouvrir avec les disques et bien souder les bords. Ne pas hésiter à le faire avec une fourchette.**
- **Saisir 3 minutes par côté dans une poêle huilée.**
- **Déguster immédiatement.**

Barquettes au camembert

PRÉPARATION 10 MIN | CUISSON 20 MIN

POUR 6 BARQUETTES

1 pâte à pizza rectangulaire
2 oignons
150 g de lardons
½ camembert
1 jaune d'œuf
3 brins de persil

RECETTE

- **Éplucher et émincer les oignons. Les faire caraméliser dans une poêle antiadhésive pendant 5 minutes.**
- **Pendant ce temps, découper 6 rectangles égaux dans la pâte à pizza.**
- **Disposer des lardons sur chacun des côtés longs des rectangles. Rouler légèrement la pâte de manière à les enfermer. On obtient deux boudins de chaque côté. Relier les extrémités ensemble en soudant à l'aide de vos doigts.**
- **Disposer les barquettes sur une plaque antiadhésive allant au four.**
- **Garnir l'intérieur des barquettes avec une cuillerée à soupe d'oignons caramélisés, des dés de camembert et quelques lardons. Dorer au jaune d'œuf les parties visibles. Enfourner pendant 20 minutes à 210 °C.**
- **À la sortie du four, saupoudrer avec du persil ciselé.**
- **Déguster chaud.**

Tortillas de chou-fleur

PRÉPARATION 5 MIN | CUISSON 21 MIN

POUR 6 PERSONNES

1 chou-fleur
4 œufs
1 cuillerée à café de curry en poudre
30 g de fécule de maïs
5 cl d'huile végétale
Sel, poivre du moulin

Pour la sauce :
1 yaourt nature
Le jus de 1 citron
1 cuillerée à café de moutarde
½ cuillerée à café de curry
1 cuillerée à soupe d'huile d'olive

RECETTE

- **Dans une cocotte, placer le chou-fleur entier (sans les feuilles) avec 4 cm d'eau et refermer. Faire cuire à feu moyen 18 minutes (vous pouvez aussi faire cuire au micro-ondes, dans un récipient adapté, avec 13 cl d'eau pendant 8 minutes).**
- **Dans un récipient, écraser le chou-fleur à la fourchette, ajouter les œufs, la fécule de maïs et le curry, assaisonner. Bien mélanger.**
- **Dans une poêle, faire chauffer l'huile et déposer 1 cuillerée à soupe du mélange. Aplatir avec le dos de la cuillère et laisser frire 3 minutes de chaque côté.**
- **Servir avec la sauce au yaourt : mélanger tous les ingrédients.**

Rendez-vous Tatin !

PRÉPARATION 10 MIN | CUISSON 20 MIN

POUR 4 PIÈCES

125 g de pain rassis
10 cl de lait
1 gousse d'ail
1 cuillerée à soupe d'herbes de Provence
4 oignons
20 g de sucre
4 tranches de bûche de chèvre

RECETTE

- **Couper le pain en dés et le mélanger avec le lait, l'ail émincé, les herbes de Provence. Laisser reposer.**
- **Faire revenir les oignons émincés avec le sucre et un peu de matière grasse. Faire légèrement caraméliser. Les oignons doivent être transparents.**
- **Sur une plaque recouverte de papier cuisson, disposer 4 cercles. Les remplir à moitié d'oignons caramélisés puis disposer une tranche de chèvre.**
- **Terminer en tassant le mélange de pain dans le reste du cercle.**
- **Enfourner 20 minutes à 210 °C et déguster chaud.**

Galettes de mamie Rose

PRÉPARATION 5 MIN | CUISSON 20 MIN

POUR 5 PIÈCES

300 g de chou-fleur
2 œufs
½ cuillerée à café de curry
1 cuillerée à soupe de coriandre ciselée
Le jus de ½ citron
5 cl d'huile végétale
Sel, poivre du moulin

RECETTE

- **Dans une cocotte, placer le chou-fleur entier (sans les feuilles) avec 4 cm d'eau et refermer. Faire cuire à feu moyen 18 minutes (vous pouvez aussi faire cuire au micro-ondes, dans un récipient adapté, avec 13 cl d'eau pendant 8 minutes). Écraser le chou-fleur à la fourchette.**
- **Dans un récipient, battre les œufs, ajouter le chou-fleur et le curry, la coriandre et le jus de citron, assaisonner. Bien mélanger.**
- **Façonner les galettes et les faire cuire à la poêle dans l'huile 1 à 2 minutes de chaque côté.**
- **Déguster.**

Tarte à la courgette

PRÉPARATION 10 MIN | CUISSON 20 MIN

POUR 4 PERSONNES

1 pâte feuilletée
1 demi-courgette
2 tranches de jambon blanc
1 tomate
1 boule de mozzarella
100 g de crème fraîche
1 demi-oignon
1 jaune d'œuf
6-7 brins de coriandre

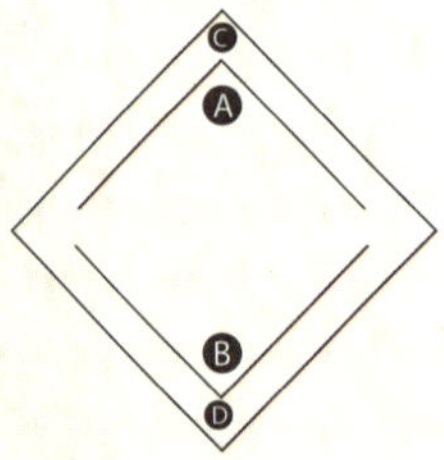

RECETTE

- Étaler la pâte et couper les bords afin de former le plus grand carré possible.
- Découper des entailles comme sur le schéma ci-dessus et rabattre C sur B et D sur A.
- Étaler la crème fraîche à l'intérieur. Déposer les tranches de jambon, puis recouvrir avec des tranches de mozzarella. Parsemer la tarte de tranches de courgette coupées en 4, de quartiers de tomate et d'oignon émincé.
- Dorer la pâte au jaune d'œuf à l'aide d'un pinceau alimentaire et enfourner 20 minutes à 210 °C.
- À la sortie du four, parsemer de coriandre ciselée.
- Déguster chaud ou tiède.

Promotion canapé

PRÉPARATION 5 MIN | CUISSON 7 MIN PAR GALETTE

POUR 9 GALETTES

230 g de chou-fleur cuit
150 g de fromage frais
1 œuf
1 cuillerée à soupe de pesto
5 cl d'huile végétale
25 g de fécule de maïs
5 cl de crème fraîche épaisse
3 tranches de saumon fumé
3 brins d'aneth
Sel, poivre du moulin

RECETTE

- **Dans un mixeur, placer la fécule de maïs, le fromage frais, l'œuf, le pesto et mixer jusqu'à l'obtention d'une préparation homogène.**
- **Hacher grossièrement le chou-fleur à l'aide d'un couteau et l'ajouter à la préparation précédente. Assaisonner.**
- **Verser une petite louche de préparation dans une poêle chaude et graissée, étaler et faire cuire 3-4 minutes par face.**
- **Au moment de servir, étaler de la crème fraîche par-dessus.**
- **Disposer un tiers de tranche de saumon et décorer avec un peu d'aneth.**
- **Déguster tiède ou chaud.**

Chic, des chips !

PRÉPARATION 5 MIN | CUISSON 20 MIN

POUR 6 PERSONNES

1 chou-fleur
10 cl d'huile d'olive
½ cuillerée à café d'ail en poudre
½ cuillerée à café de paprika doux
½ cuillerée à café de curry
Sel

RECETTE

- **À l'aide d'une mandoline, découper des tranches de chou-fleur de 2 mm environ. Les disposer sur du papier de cuisson.**
- **Dans un bol, mélanger l'huile avec toutes les épices. Badigeonner, à l'aide d'un pinceau alimentaire, les deux côtés des tranches de chou-fleur.**
- **Enfourner pour 20 minutes à 210°C. Retourner à mi-cuisson.**
- **Lorsque le résultat est bien doré, saler légèrement. Les chips se consomment chaudes ou froides.**

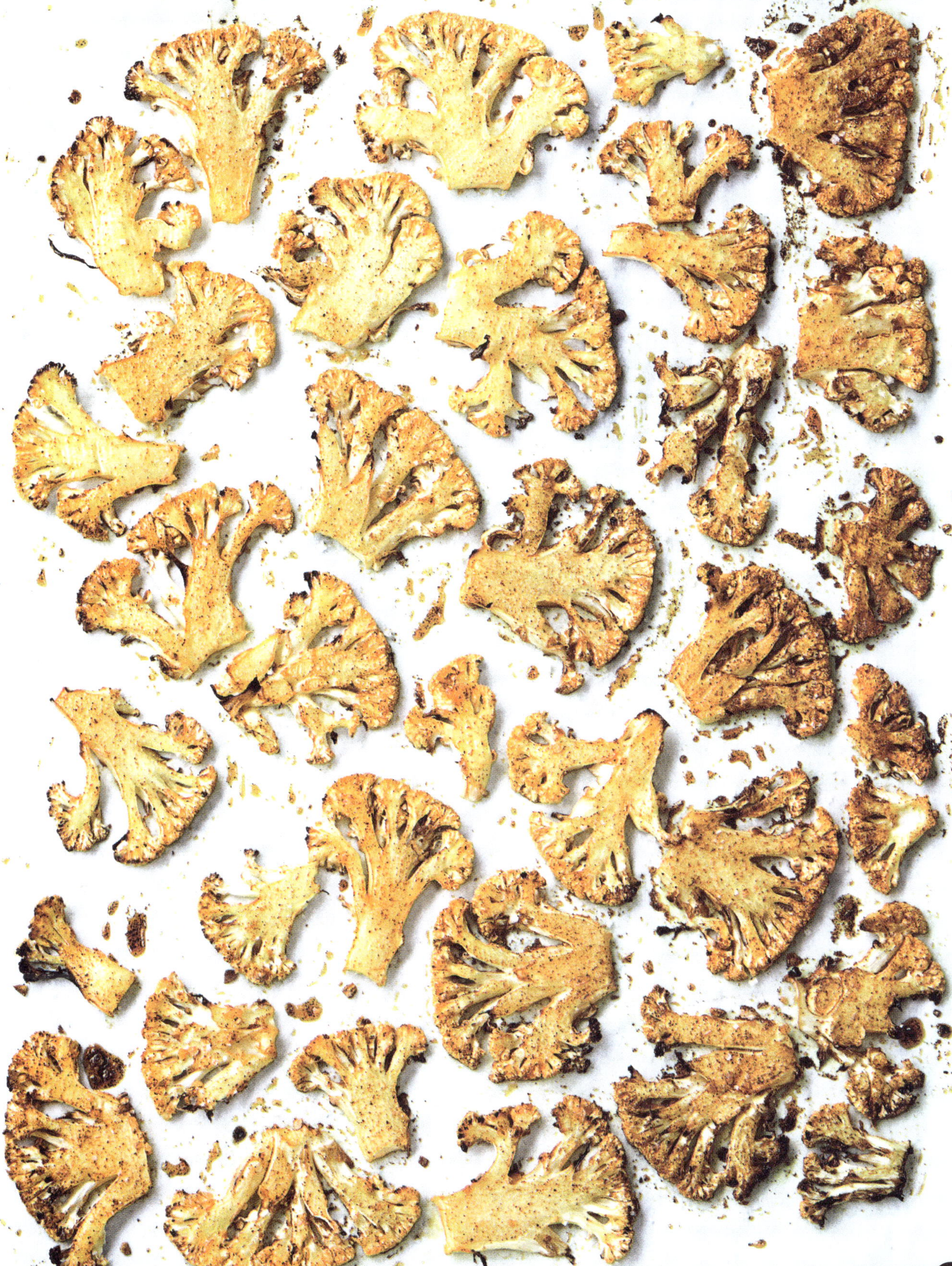

Croquettes !

PRÉPARATION 5 MIN | CUISSON 33 MIN

POUR 6 PERSONNES

½ chou-fleur
½ oignon émincé
30 g d'emmental râpé
30 g de parmesan
50 g de chapelure
8-10 brins de ciboulette
1 œuf
200 g de sauce tomate
5 cl d'huile d'olive
1 pincée de sel
Herbes fraîches

RECETTE

- **Dans une cocotte, placer le demi chou-fleur (sans les feuilles) avec 4 cm d'eau et refermer. Faire cuire à feu moyen 18 minutes (vous pouvez aussi faire cuire au micro-ondes, dans un récipient adapté, avec 13 cl d'eau pendant 6 minutes).**
- **Écraser le chou-fleur à la fourchette, ajouter l'oignon.**
- **Ajouter les fromages, la chapelure, la ciboulette ciselée, l'œuf et une pincée de sel.**
- **Bien mélanger jusqu'à l'obtention d'un mélange homogène.**
- **Former des croquettes à la main et les déposer sur une feuille de papier cuisson.**
- **À l'aide d'un pinceau alimentaire, napper les croquettes d'un peu d'huile et enfourner 15 minutes à 200 °C. Les croquettes doivent être dorées.**
- **Servir avec un bol de sauce tomate parsemée d'herbes fraîches.**

Choukies

PRÉPARATION 10 MIN | CUISSON 12 MIN + 10 MIN | REPOS 2 H

POUR UNE VINGTAINE DE BISCUITS

1 chou-fleur
8 cl d'huile d'olive
120 g de beurre mou
70 g de parmesan râpé
30 g de fromage frais
125 g de farine
3 cuillerées à soupe de graines de pavot
Sel, poivre du moulin

RECETTE

- **Détacher les bouquets du chou-fleur, bien les nettoyer et mixer jusqu'à l'obtention d'une texture de semoule.**
- **Mélanger avec l'huile d'olive et étaler le tout sur une feuille de papier de cuisson. Enfourner 12 minutes environ à 180 °C jusqu'à ce que le chou-fleur colore.**
- **Mélanger le beurre, le parmesan, le fromage frais, le chou-fleur refroidi et la farine. Assaisonner. Former un boudin uniforme de 4-5 cm de diamètre.**
- **Le placer dans du film alimentaire et laisser reposer 2 heures au frais.**
- **À la sortie du réfrigérateur, rouler le boudin dans les graines de pavot et couper des tranches de 5 mm d'épaisseur environ.**
- **Placer sur une feuille de papier cuisson et enfourner pendant 10 à 12 minutes à 160 °C.**
- **Déguster chaud ou froid.**

Crevettes habillées

PRÉPARATION 10 MIN | CUISSON 20 MIN

POUR 8 PERSONNES

15 crevettes
1 pâte feuilletée
1 jaune d'œuf

RECETTE

- Décortiquer les crevettes et ôter la tête. Dérouler la pâte feuilletée et couper des bandes de 2 cm d'épaisseur.
- Enrouler une bande de pâte feuilletée autour de chaque queue de crevette en prenant garde que la bande se chevauche en permanence.
- À l'aide d'un pinceau, dorer au jaune d'œuf la crevette habillée.
- Enfourner dans un four préalablement chauffé à 210°C pendant 20 minutes environ.
- Déguster nature ou avec des sauces de votre choix : soja, rouille, mayonnaise…

Minicroissants

PRÉPARATION 10 MIN | CUISSON 20 MIN

POUR 12 PIÈCES

1 pâte feuilletée
50 g de confit de figues
12 tranches de magret de canard
100 g de brie
1 jaune d'œuf

RECETTE

- **Dérouler la pâte et la couper en 12 parts égales. Étaler un peu de confit de figues sur chaque triangle.**
- **Sur le côté le plus large, placer une tranche de magret de canard ainsi qu'un morceau de brie. Rouler ensuite le triangle de pâte bien serré du plus grand côté vers la pointe.**
- **À l'aide d'un pinceau alimentaire, dorer au jaune d'œuf la pâte. Enfourner 20 minutes à 210 °C.**
- **Déguster tiède ou chaud.**

Étoiles flammekueche

PRÉPARATION 10 MIN | CUISSON 20 MIN

POUR 6 ÉTOILES

1 pâte feuilletée
1 oignon
100 g de lardons
100 g de crème fraîche épaisse
1 jaune d'œuf
1 cuillerée à soupe de graines de pavot

RECETTE

- **Émincer l'oignon et le faire cuire dans une poêle avec un peu d'eau. Réserver. Faire dorer les lardons à la poêle sans ajouter de matière grasse. Réserver.**
- **Avec le carton de protection de la pâte, découper un patron en forme d'étoile.**
- **Dérouler une pâte feuilletée et découper des étoiles selon le patron. Les déposer sur une feuille de papier sufurisé.**
- **Dorer les extrémités au jaune d'œuf et saupoudrer légèrement de graines de pavot.**
- **Au centre de l'étoile déposer une petite cuillerée de crème fraîche. Recouvrir avec des morceaux d'oignon et des lardons.**
- **Enfourner 20 minutes environ à 210 °C.**

Danger gourmand

PRÉPARATION 10 MIN | CUISSON 20 MIN

POUR 8 PIÈCES

2 pâtes à pizza
10 saucisses de Strasbourg
1 boule de mozzarella
1 jaune d'œuf

RECETTE

- **Dérouler une des pâtes et couper des rectangles de la longueur d'une saucisse et larges comme 3 saucisses.**
- **Rouler les saucisses dans ces rectangles. Bien souder pour les enfermer dans la pâte.**
- **Couper en tronçons de 3 cm et former des triangles en soudant les morceaux les uns avec les autres.**
- **Déposer 1 tranche de mozzarella sur chacun des triangles et découper des triangles de pâte de la même taille que l'assemblage de saucisse, puis les souder par-dessus la mozzarella.**
- **Retourner le tout. Dorer les parties visibles de la pâte au jaune d'œuf et enfourner 20 minutes à 210 °C.**
- **Déguster tiède ou chaud.**

Mitaines feuilletées

PRÉPARATION 5 MIN | CUISSON 20 MIN

POUR 10 MITAINES

1 pâte feuilletée
4 saucisses de Strasbourg
1 cuillerée à café de moutarde
1 jaune d'œuf

RECETTE

- **Dérouler une pâte feuilletée et la découper afin d'obtenir un carré le plus grand possible.**
- **Découper le carré en 2 afin d'obtenir deux rectangles. Sur l'un d'entre eux, étaler la moutarde en évitant les bords sur 1 cm.**
- **Placer les saucisses en les serrant. Recouvrir avec le second rectangle de pâte et introduire la pâte entre chaque saucisse en s'aidant d'une règle ou du côté non tranchant d'un couteau.**
- **Dorer la pâte au jaune d'œuf.**
- **Découper des tranches de 1 cm d'épaisseur. Les déposer sur une plaque antiadhésive et enfourner 20 minutes à 210 °C.**
- **Servir accompagné de sauces type ketchup, moutarde… Saupoudrer d'herbes de Provence.**

Roues de chorizo

PRÉPARATION 10 MIN | CUISSON 20 MIN

POUR 8 PIÈCES

2 pâtes feuilletées
12 fromages frais en forme de triangle
1 chorizo
1 jaune d'œuf

RECETTE

- **Mixer ensemble le fromage et le chorizo (bien penser à enlever la peau). Réserver.**
- **Découper le plus grand carré possible par pâte feuilletée et le recouper en 4 carrés.**
- **Sur chaque carré, couper des bandes de 1 cm de large sur la moitié du carré (voir photo ci-dessous). Placer deux à trois cuillerées à café de farce par carré sur le côté non découpé. Commencer à l'envelopper dans la pâte, puis rabattre toutes les bandes sur le boudin sauf la première et les deux dernières. Joindre les deux extrémités afin de former une roue. Utiliser une des bandes pour bien souder les deux parties puis enrouler les deux autres bandes autour de la roue pour cacher la soudure.**
- **À l'aide d'un pinceau alimentaire, dorer au jaune d'œuf la pâte. Enfourner 20 minutes à 210 °C.**
- **Déguster tiède ou chaud.**

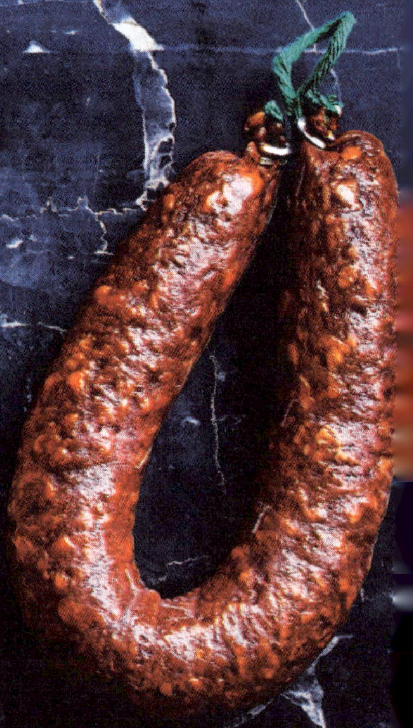

Paquets gourmands

PRÉPARATION 10 MIN | CUISSON 20 MIN

POUR 4 PAQUETS

1 pâte feuilletée
100 g de fromage ail et fines herbes
1 courgette
100 g de feta
20 g de pignons de pin
1 jaune d'œuf

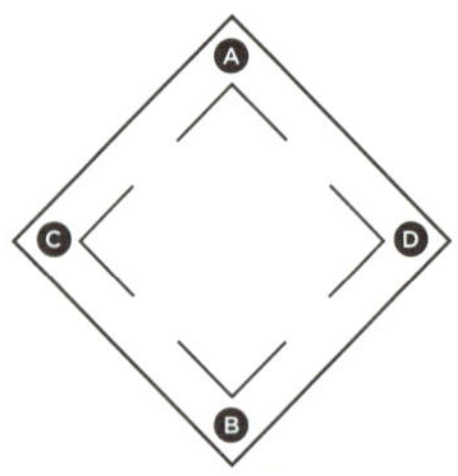

RECETTE

- **Découper le plus grand carré possible par pâte feuilletée et le recouper en quatre carrés.**
- **Sur chaque carré, faire des entailles comme sur le dessin ci-dessous.**
- **Étaler du fromage aux fines herbes sur le grand carré et déposer 5 fines tranches de courgette.**
- **Déposer de manière aléatoire des cubes de feta.**
- **Souder A et B au centre de la garniture. Souder C et D au même endroit.**
- **À l'aide d'un pinceau alimentaire, dorer au jaune d'œuf la pâte. Parsemer de pignons de pin. Enfourner 20 minutes à 210 °C.**
- **Déguster tiède ou chaud.**

Cigares poivrons ricotta

PRÉPARATION 15 MIN | CUISSON 20 MIN

POUR 8 PERSONNES

2 pâtes feuilletées
500 g de ricotta
½ poivron de chaque couleur : rouge et jaune
20 olives noires dénoyautées
1 cuillerée à soupe de ciboulette ciselée
8 cannellonis
1 jaune d'œuf

RECETTE

- **Découper des bandes de papier sulfurisé un peu plus larges que des cannellonis. Recouvrir complètement les pâtes de papier sulfurisé et agrafer le papier à chaque extrémité.**
- **Découper des bandes de pâte feuilletée et les rouler autour du cannelloni de manière à ne laisser aucun trou. À l'aide d'un pinceau alimentaire, dorer au jaune d'œuf les roulés.**
- **Les faire cuire au four à 210 °C pendant 20 minutes environ.**
- **Pendant ce temps, mélanger la ricotta avec de petits dés de poivron et d'olive. Il faut couper très petit pour que l'ensemble soit équilibré. Ajouter le ciboulette et assaisonner.**
- **À la sortie du four, tirer sur le papier sulfurisé de manière à le sortir avec la pâte du roulé de pâte.**
- **Prendre un sac congélation, le remplir avec le mélange de fromage, puis le fermer. Couper dans un angle et s'en servir comme d'une poche à douille.**
- **Garnir chaque roulé.**
- **Déguster chaud, tiède ou froid.**

Rencontre de M. Morteau et Mme Cancoillotte

PRÉPARATION 10 MIN | CUISSON 20 MIN

POUR 4 TRIANGLES

1 pâte feuilletée
4 pommes de terre
½ saucisse de Morteau
100 g de cancoillotte
1 jaune d'œuf

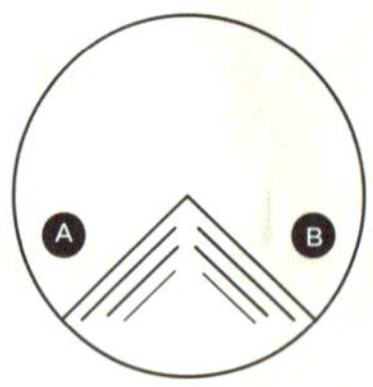

RECETTE

- **Dérouler la pâte puis la diviser en 4 parties. Entailler comme sur le dessin chacun des quarts.**
- **Placer au centre des cubes de pomme de terre et une rondelle de saucisse de Morteau. Recouvrir avec une cuillerée à soupe de cancoillotte. Replier A puis B sur la garniture.**
- **À l'aide d'un pinceau alimentaire, dorer au jaune d'œuf la pâte. Enfourner 20 minutes à 210 °C.**
- **Déguster tiède ou chaud.**

Feuilletés haute couture

PRÉPARATION 10 MIN | CUISSON 20 MIN

POUR 4 PIÈCES

1 pâte feuilletée
3 oignons
20 g de sucre
½ bûche de chèvre
1 jaune d'œuf

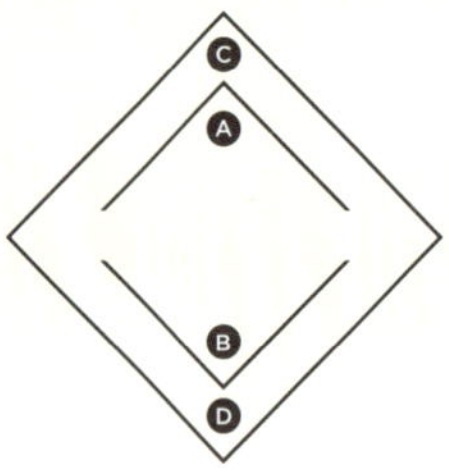

RECETTE

- **Émincer les oignons en petits dés et les faire caraméliser à la poêle avec le sucre pendant 10 minutes environ. Penser à remuer régulièrement.**
- **Découper le plus grand carré possible par pâte feuilletée et le recouper en 4 carrés.**
- **Sur chaque carré, faire des entailles (comme sur le dessin ci-dessous). Placer deux à trois cuillerées à café d'oignons caramélisés au centre et deux tranches de bûche de chèvre. Rabattre A et B sur la garniture. Placer ensuite C, puis D sur l'endroit de la garniture. À l'aide d'un pinceau alimentaire, dorer la pâte au jaune d'œuf.**
- **Enfourner 20 minutes à 210 °C.**
- **Déguster tiède ou chaud.**

Oreilles gourmandes

PRÉPARATION 5 MIN | CUISSON 20 MIN

POUR 4 OREILLES

1 pâte feuilletée
4 cuillerées à café de moutarde
2 tranches de jambon
1 boule de mozzarella
2 tomates
1 cuillerée à soupe d'herbes de Provence
1 jaune d'œuf

RECETTE

- **Dérouler une pâte feuilletée. Découper un carré le plus grand possible afin de limiter au maximum les chutes.**
- **Diviser le carré en 4 parties égales. Au centre de chaque carré, étaler une cuillerée à café de moutarde. Recouvrir avec une demi-tranche de jambon.**
- **Ajouter une tranche épaisse de mozzarella au centre. Sur une diagonale, placer à chaque extrémité une tranche de tomate. Saupoudrer d'herbes de Provence.**
- **Replier les deux angles de pâte laissés vides par-dessus la mozzarella et les souder en appuyant légèrement.**
- **À l'aide d'un pinceau, dorer les parties visibles de la pâte au jaune d'œuf et enfourner 20 minutes à 210 °C.**

Panier aux lardons

PRÉPARATION 10 MIN | CUISSON 20 MIN

POUR 4 PANIERS

1 pâte feuilletée
4 pommes de terre cuites
150 g de lardons
1 oignon rouge
1 boule de mozzarella
1 jaune d'œuf

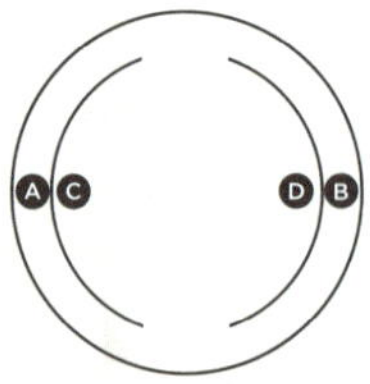

RECETTE

- **Émincer l'oignon, découper les pommes de terre et la mozzarella en cubes. Faire revenir les lardons.**
- **Dérouler la pâte feuilletée sur du papier sulfurisé et, à l'aide d'un bol, découper 4 disques de pâte.**
- **Faire des entailles suivant le dessin ci-dessus. Replier la bande A sur D, puis la bande B sur C. À l'aide d'un pinceau alimentaire, dorer au jaune d'œuf les contours.**
- **Garnir avec des cubes de pomme de terre, de mozzarella et ajouter des morceaux d'oignon, ainsi que des lardons. Enfourner 20 minutes à 210 °C.**
- **Déguster tiède ou chaud.**

Feuilletés d'automne

PRÉPARATION 10 MIN | CUISSON 20 MIN

POUR 6 FEUILLETÉS

1 pâte feuilletée
150 g de fromage frais de chèvre
6 figues fraîches ou séchées
6 cerneaux de noix
1 jaune d'œuf

RECETTE

- **Dérouler la pâte puis la diviser en 6 parts. Couper la forme arrondie pour obtenir de vrais triangles. Entailler de trois traits comme ci-dessous.**
- **Étaler le fromage de chèvre sur la partie inférieure (sans découpes). Ajouter une figue coupée en deux et un cerneauxde noix. Replier la pointe entaillée sous la garniture. À l'aide d'un pinceau alimentaire, dorer au jaune d'œuf la pâte. Enfourner 20 minutes à 210 °C.**
- **Déguster tiède ou chaud.**

Paniers raclette

PRÉPARATION 5 MIN | CUISSON 20 MIN

POUR 4 PANIERS

1 pâte feuilletée
4 tranches de fromage à raclette
2 tranches de jambon cru
2 tranches de bacon
100 g de pommes de terre cuites
2 tranches de rosette
1 jaune d'œuf

RECETTE

- **Dérouler une pâte feuilletée. Découper un carré le plus grand possible afin de limiter au maximum les chutes.**
- **Diviser le carré en 4 parties égales. Au centre de chaque carré, déposer une demi-tranche de fromage à raclette.**
- **Recouvrir avec une demi-tranche de jambon cru et de bacon. Ajouter au-dessus des tranches de pommes de terre, une demi-tranche de rosette.**
- **Terminer avec une demi-tranche de raclette. Rabattre chaque angle vers le centre et appuyer légèrement pour les souder. À l'aide d'un pinceau, dorer au jaune d'œuf.**
- **Enfourner pendant 20 minutes environ à 210°C.**

Sucettes à croquer

PRÉPARATION 5 MIN | CUISSON 20 MIN

POUR 8 SUCETTES

1 pâte feuilletée
1 bûche de chèvre
50 g de miel
1 jaune d'œuf

RECETTE

- **À l'aide d'une tasse à café, découper des disques de pâte.**
- **Déposer une tranche de chèvre dessus. Ajouter une demi-cuillerée à café de miel et enfoncer une pique à brochette dans le fromage.**
- **Recouvrir d'un second disque de pâte, bien souder et dorer au jaune d'œuf le dessus de la sucette à l'aide d'un pinceau.**
- **Enfourner pendant 20 minutes et servir chaud.**

Sucettes au camembert

PRÉPARATION 10 MIN | CUISSON 6 MIN

POUR 6 SUCETTES

12 tranches de pain de mie
1 oignon
½ camembert
3 œufs
20 cl de lait
1 cuillerée à soupe de graines de sésame
50 g de beurre

RECETTE

- **Éplucher et émincer l'oignon. Le faire revenir dans un peu de matière grasse et réserver.**
- **À l'aide d'un verre, découper des disques de pain de mie.**
- **Garnir la moitié des disques avec 1 cuillerée à soupe d'oignons et un morceau de camembert.**
- **Placer une pique à brochette dans le camembert. Refermer avec un second disque de pain de mie et souder les bords.**
- **Dans un récipient, battre les œufs avec le lait. Tremper les sucettes dans le mélange et les saupoudrer de graines de sésame. Les faire revenir à la poêle avec le beurre, 3 minutes par côté.**
- **Déguster aussitôt.**

Piques au fromage

PRÉPARATION 10 MIN | REPOS 10 MIN | CUISSON 3 À 4 MIN

POUR 5 PIQUES

5 tranches de pain de mie
15 dés de cheddar
100 g de roquefort
1 boule de mozzarella
½ camembert
3 œufs
100 g de chapelure

RECETTE

- Couper tous les fromages en cubes de 2 cm de côté.
- Les planter sur des piques à brochette en prenant soin d'alterner les fromages. Attention : la longueur de la garniture sur la pique à brochette doit être plus petite que la largeur du pain de mie.
- À l'aide d'un rouleau à pâtisserie, étaler les tranches de pain de mie afin qu'elles deviennent bien fines. Rouler le pain de mie autour de chaque brochette de fromages en serrant bien puis disposer du film alimentaire autour de la brochette. Réserver 10 minutes au congélateur.
- Pendant ce temps, battre les œufs dans un récipient assez grand pour pouvoir tremper les piques. Disposer la chapelure sur une assiette. Retirer le film des brochettes, les tremper dans l'œuf puis la chapelure jusqu'à obtenir un résultat uniforme.
- Faire frire 3 à 4 minutes dans de l'huile végétale à 170 °C environ.
- Déguster tiède ou chaud.

Tournis de saucisse

PRÉPARATION 10 MIN | CUISSON 2 MIN

POUR 10 PERSONNES

10 saucisses de Strasbourg
1 pâte feuilletée

RECETTE

- **Planter une saucisse sur une pique à brochette.**
- **À l'aide d'un couteau, entailler la saucisse à 45° sur toute la longueur.**
- **Découper une pâte feuilletée en bandes régulières de 1 cm de large environ.**
- **Dans l'entaille de la saucisse, disposer une bande de pâte.**
- **Faire frire la brochette dans une huile végétale entre 170 et 190 °C pendant 2 minutes.**
- **Servir avec des sauces type ketchup, moutarde...**

Brochette saucisse purée

PRÉPARATION 10 MIN | CUISSON 25 MIN

POUR 6 BROCHETTES

500 g de pommes de terre
6 saucisses de Strasbourg
150 g de chapelure
2 œufs

RECETTE

- **Faire cuire les pommes de terre épluchées dans l'eau bouillante pendant 20 minutes environ. Les pommes de terre doivent être tendres. Les égoutter et les écraser à la fourchette.**
- **Assaisonner. Laisser refroidir.**
- **Pendant ce temps, planter les saucisses dans la longueur sur une pique à brochette.**
- **Prendre trois cuillerées à soupe d'écrasé de pommes de terre, les étaler sur un rectangle de papier cellophane. Placer une saucisse au centre.**
- **Rabattre les coins du rectangle afin de recouvrir totalement la saucisse de purée, tasser légèrement et rouler le tout dans de l'œuf battu, puis dans la chapelure.**
- **Faire frire dans de l'huile à 180 °C jusqu'à l'obtention d'une belle couleur.**

Boules filantes

PRÉPARATION 10 MIN | CUISSON 25 MIN

POUR 7-8 BOULES

500 g de pommes de terre
1 boule de mozzarella
150 g de chapelure
2 œufs

RECETTE

- Faire cuire les pommes de terre épluchées dans l'eau bouillante pendant 20 minutes environ. Les pommes de terre doivent être tendres. Les égoutter et les écraser à la fourchette. Assaisonner. Laisser refroidir.
- Découper la mozzarella en cubes.
- Prendre deux cuillerées à soupe d'écrasé de pommes de terre, les étaler sur un carré de papier cellophane. Disposer au centre un dé de mozzarella. Rabattre les coins du carré afin de former une boule, tasser légèrement et rouler la boule dans de l'œuf battu, puis dans la chapelure.
- Faire frire dans de l'huile à 180 °C jusqu'à l'obtention d'une belle couleur.

Croustichoux

PRÉPARATION 5 MIN | CUISSON 15 MIN

POUR 6 PERSONNES

1 chou-fleur
15 cl de lait d'amande
50 g de fécule de maïs
1 cuillerée à café de curry
1 cuillerée à café de paprika
100 g de chapelure
1 cuillerée à soupe de persil haché
Huile végétale pour la friture
10 cl de sauce soja
1 cuillerée à soupe de graines de sésame blanches
Sel, poivre du moulin

RECETTE

- **Dans une cocotte, placer le chou-fleur entier (sans les feuilles) avec 4 cm d'eau et refermer. Faire cuire à feu moyen 12 minutes (vous pouvez aussi faire cuire au micro-ondes, dans un récipient adapté, avec 13 cl d'eau pendant 8 minutes). Le chou-fleur ne doit pas être trop mou. Détacher les bouquets et garder le reste pour une autre recette.**
- **Dans un récipient, mélanger le lait d'amande avec la fécule de maïs et les épices. Assaisonner.**
- **Tremper les bouquets dans le mélange puis les enrober dans de la chapelure.**
- **Faire frire 2-3 minutes dans l'huile végétale.**
- **Parsemer de persil haché. Déguster avec de la sauce soja dans laquelle on aura versé quelques graines de sésame.**

Nuggets

PRÉPARATION 15 MIN | CUISSON 27 MIN | REPOS 30 MIN

POUR 6 PERSONNES

1 chou-fleur de taille moyenne
1 grosse pomme de terre
2 œufs
125 g de cheddar râpé
125 g de maïs (en conserve)
½ cuillerée à café de sel
100 g de farine
100 g de chapelure
3 cuillerées à soupe de graines de sésame blanc
1 filet d'huile végétale

RECETTE

- **Dans une cocotte, placer le chou-fleur entier (sans les feuilles) et la pomme de terre épluchée en petits morceaux avec 4 cm d'eau et refermer. Faire cuire à feu moyen 12 minutes (vous pouvez aussi faire cuire au micro-ondes, dans un récipient adapté, avec 13 cl d'eau pendant 8 minutes). Le chou-fleur ne doit pas être trop mou.**
- **Récupérer les bouquets et conserver le reste pour une autre recette.**
- **Dans un récipient, écraser à la fourchette la pomme de terre et les bouquets de chou-fleur. Il ne faut pas aller jusqu'à la purée car il faut garder de petits morceaux.**
- **Ajouter les œufs, le cheddar, la farine et bien mélanger. Dès que la texture est homogène, laisser reposer 30 minutes au réfrigérateur. Former ensuite des nuggets avec vos mains légèrement humides.**
- **Mélanger la chapelure et les graines de sésame et rouler les nuggets dans cette préparation.**
- **Les déposer sur une feuille de papier cuisson et arroser d'un filet d'huile végétale.**
- **Enfourner pendant 15 minutes à 190 °C.**

Falafleurs

PRÉPARATION 15 MIN | CUISSON 25 MIN | TREMPAGE 2 H

POUR 4-5 PERSONNES

400 g de lentilles corail
4 bouquets de chou-fleur (ou 1 petit chou-fleur)
75 g de coriandre (ou de persil)
1 cuillerée à café de graines de cumin
1 à 3 cuillerées à soupe de farine de lentilles ou de pois chiches

Pour la sauce :
1 yaourt nature
Le jus de 1 citron
2 cuillerées à soupe de coriandre ciselée
Sel, poivre du moulin

RECETTE

- **Placer les lentilles dans un bol, recouvrir d'eau et laisser tremper 2 heures.**
- **Couper grossièrement le chou-fleur et la coriandre.**
- **Égoutter les lentilles, les mixer avec les bouquets de chou-fleur, la coriandre et le cumin jusqu'à l'obtention d'une texture uniforme. Assaisonner.**
- **Ajouter la farine petit à petit : la pâte ne doit pas s'effriter ni être trop humide. Former des boules et les faire frire 3 à 5 minutes dans de l'huile chaude. Elles doivent être dorées et croustillantes.**
- **Préparer la sauce au yaourt en mélangeant tous les ingrédients.**
- **Servir les falafels avec la sauce.**

Meatballs

PRÉPARATION 10 MIN | CUISSON 10 MIN

POUR 4 PERSONNES

1 chou-fleur
350 g de viande hachée
1 oignon
½ bouquet de persil
1 œuf
2 cuillerées à soupe de chapelure
5 cl d'huile végétale
Sauce tomate

RECETTE

- **Dans un récipient, mélanger la viande hachée, l'oignon émincé, le persil ciselé, l'œuf et la chapelure.**
- **Bien mélanger de manière à obtenir une texture homogène.**
- **Découper les bouquets du chou-fleur, bien les nettoyer et les sécher.**
- **Réaliser des boulettes à partir du mélange à la viande tout autour des bouquets en veillant à laisser dépasser la queue.**
- **Faire frire les meatballs afin qu'elles soient colorées des deux côtés, environ 2 minutes par face.**
- **Servir avec une sauce tomate.**

Boulettes parmentier

PRÉPARATION 10 MIN | CUISSON 25 MIN

POUR 7-8 BOULETTES

500 g de pommes de terre
250 g de viande hachée
100 g de sauce tomate
1 oignon
1 cuillerée à soupe d'herbes de Provence
150 g de chapelure
2 œufs

RECETTE

- **Faire cuire les pommes de terre épluchées dans l'eau bouillante pendant 20 minutes environ. Les pommes de terre doivent être tendres. Les égoutter et les écraser à la fourchette. Assaisonner. Laisser refroidir.**
- **Pendant ce temps, faire revenir l'oignon émincé avec un peu de matière grasse, ajouter la viande, la sauce tomate, les herbes de Provence. Faire cuire le tout.**
- **Prendre deux cuillerées à soupe d'écrasé de pommes de terre, les étaler sur un carré de papier cellophane. Disposer au centre une cuillerée de viande cuite. Rabattre les coins du carré afin de former une boule, tasser légèrement et rouler la boule dans de l'œuf battu, puis dans la chapelure.**
- **Faire frire dans de l'huile à 180 °C jusqu'à l'obtention d'une belle couleur.**

Fleurs de pomme de terre

PRÉPARATION 10 MIN | CUISSON 20 À 25 MIN

POUR 6 FLEURS

8 petites pommes de terre
50 g de beurre
1 cuillerée à soupe de persil haché

RECETTE

- **Découper les pommes de terre épluchées à l'aide d'une mandoline de manière à obtenir de fines tranches.**
- **Disposer les tranches essuyées sur du papier essuie-tout dans les empreintes du moule à muffins graissé en les superposant d'un tiers environ.**
- **Faire tout le tour du moule et continuer jusqu'au centre.**
- **Une fois la fleur terminée, la napper de beurre fondu. Saler et poivrer.**
- **Enfourner à 180 °C pendant 20 à 25 minutes. À la sortie du four, saupoudrer de persil haché.**

Roses apéro

PRÉPARATION 10 MIN | CUISSON 20 MIN

POUR 8 PIÈCES

2 tranches de jambon
1 demi-boule de mozzarella
3 brins de persil
1 jaune d'œuf
1 pâte à pizza

RECETTE

- **Dérouler la pâte et à l'aide d'un verre, découper un maximum de disques. Faire 3 entailles à distances égales tout autour du disque en laissant le centre sans découpe sur 1 centimètre de diamètre.**
- **Découper la mozzarella en bâtonnets d'environ 1 cm x 1 cm x 2 cm.**
- **Couper des bandes de jambon de 2 cm, puis les enrouler autour des bâtonnets de mozzarella.**
- **Disposer 1 bâtonnet au centre de chaque disque de pâte.**
- **Rabattre un premier tiers de pâte tout autour.**
- **Replier légèrement le bord de la pâte pour donner un effet pétale.**
- **Recommencer avec les deux autres tiers de la pâte.**
- **Placer les roses sur une plaque allant au four recouverte de papier sulfurisé.**
- **Dorer au jaune d'œuf.**
- **Faire cuire 20 minutes à 210 °C.**
- **À la sortie du four, saupoudrer avec du persil ciselé.**
- **Déguster chaud.**

Fleurs courgette et mozzarella

PRÉPARATION 10 MIN | CUISSON 20 MIN

POUR 6 FLEURS

1 pâte feuilletée
1 courgette
1 boule de mozzarella
1 cuillerée à soupe d'herbes de Provence

RECETTE

- **Découper des rectangles de 15 cm de longueur par 8 cm de hauteur. Placer le plus grand côté horizontalement devant vous.**
- **À l'aide d'une mandoline ou d'un couteau, couper de très fines tranches de courgette. Les placer en les superposant légèrement sur la moitié haute du rectangle. Refermer la partie basse de la pâte sur les courgettes.**
- **Découper la mozzarella en bâtonnets et en placer un morceau tout à gauche du rectangle. Enrouler toute la longueur du rectangle autour du bâtonnet et placer le tout dans un moule à muffins préalablement graissé.**
- **Saupoudrer d'herbes de Provence. Enfourner pendant 20 minutes à 210 °C.**
- **Déguster tiède ou chaud.**

Fleur de pain

PRÉPARATION 15 MIN | CUISSON 40 MIN

POUR 6 PERSONNES

1 boule de campagne
5 carottes multicolores (blanches, rouges, violettes ou orange)
1 courgette
3 œufs
20 cl de crème fraîche

RECETTE

- Éplucher les carottes. Laver la courgette. À l'aide d'une mandoline, en couper de fines et longues tranches.
- Dans un récipient, battre les œufs avec la crème fraîche.
- Ôter la partie haute du pain et tasser la mie afin d'obtenir la cavité la plus profonde possible.
- Verser l'appareil à base d'œuf. Disposer en cercle en alternant les tranches de légumes.
- Placer le pain sur une plaque allant au four recouverte de papier sulfurisé.
- Enfourner 40 minutes à 180 °C.
- Déguster tiède ou chaud.

Roulés flammekueche

PRÉPARATION 10 MIN | REPOS 10 MIN | CUISSON 20 MIN

POUR 6 PERSONNES

1 pâte à pizza rectangulaire
2 oignons
150 g de crème fraîche
1 pincée de noix de muscade
150 g de lardons
1 jaune d'œuf

RECETTE

- **Émincer les oignons en lamelles et les faire revenir dans la poêle. Au bout de 2 minutes, ajouter de l'eau à niveau et continuer la cuisson jusqu'à ce que les oignons deviennent fondants et translucides.**
- **Dérouler la pâte et étaler la crème fraîche dessus. Saupoudrer avec un peu de noix de muscade.**
- **Recouvrir avec les oignons et les lardons et rouler la pâte en serrant bien.**
- **Laisser reposer 10 minutes au congélateur puis couper en tranches de 2 à 3 cm.**
- **Les placer sur une plaque allant au four recouvert de papier sulfurisé.**
- **Dorer les parties visibles de la pâte au jaune d'œuf et enfourner 25 minutes à 210 °C.**
- **Déguster tiède ou chaud.**

Escargots tout chauds

PRÉPARATION 15 MIN | CUISSON 20 MIN

POUR 10 ESCARGOTS

2 pâtes feuilletées
200 g de pesto
4 grandes tranches de jambon cru

RECETTE

- **Dérouler une pâte et étaler la moitié du pesto dessus.**
- **Étaler la moitié du jambon et recouvrir avec une seconde pâte.**
- **Étaler à nouveau du pesto et du jambon cru puis rouler l'ensemble.**
- **Découper en 10 parts égales d'environ 2 cm de large.**
- **Les déposer sur une plaque antiadhésive allant au four.**
- **Dorer à l'aide d'un pinceau et de jaune d'œuf.**
- **Enfourner 20 minutes à 210°C et déguster chaud ou tiède.**

Roulés chorizo au fromage frais

PRÉPARATION 10 MIN | CUISSON 25 MIN

POUR 8 PERSONNES

2 pâtes à pizza rectangulaires
12 fromages frais
1 chorizo
1 jaune d'œuf
1 cuillerée à soupe de graines de pavot

RECETTE

- **Mixer le fromage frais avec le chorizo (sans oublier d'ôter la peau).**
- **Dérouler les pâtes à pizza et les souder sur 1 cm à l'aide d'un peu d'eau.**
- **Étaler le mélange chorizo-fromage frais sur toute la pâte.**
- **Rouler la pâte bien serré. Placer la jointure entre les deux pâtes sur le côté. Couper pour égaliser les extrémités du roulé.**
- **Entailler le roulé en 11 parts égales sur le côté opposé à la jointure. Laisser 1 cm non coupé afin que le roulé se tienne. Placer la soudure vers le bas et disposer les parts en quinconce.**
- **À l'aide d'un pinceau, dorer au jaune d'œuf, saupoudrer de graines de pavot et enfourner 25 minutes à 210 °C.**
- **Déguster tiède ou chaud.**

Brioches escargots

PRÉPARATION 15 MIN | REPOS 50 MIN | CUISSON 30 MIN

POUR 4 BRIOCHES

2 pâtes à pizza rectangulaires
1 tête d'ail
1 bouquet de persil
250 g de beurre demi-sel

RECETTE

- **Dans un mixeur, hacher l'ail épluché et dégermé puis le persil. Ajouter petit à petit des dés de beurre mou jusqu'à obtention d'un mélange homogène.**
- **Dérouler une des pâtes. Étaler les trois quarts du beurre à l'ail sur la pâte en laissant un contour de 3 cm de chaque côté. Déposer la seconde pâte sur la première et bien souder les bords.**
- **Déposer le quart restant du beurre à l'ail sur la moitié en laissant un contour de 3 cm sur les côtés. Replier de manière à cacher toute la farce et souder. Laisser reposer au congélateur pendant 10 minutes.**
- **Mettre la soudure sur le côté droit et étaler la pâte sur un plan de travail légèrement fariné de manière à obtenir 3 fois la taille initiale. Plier la pâte en 3 et la laisser reposer 10 minutes au congélateur. La tourner d'un quart de tour et recommencer l'opération.**
- **Après le dernier repos, étaler la pâte en un rectangle de la taille d'une plaque allant au four. La couper en 2 de manière à obtenir 2 longues bandes. Plier dans la longueur chacune des bandes et les rouler sur elles-mêmes.**
- **Les déposer dans un plat à cake préalablement graissé et enfourner pour 30 minutes à 210 °C.**
- **Déguster tiède ou chaud.**

Rouleau bolo

PRÉPARATION 15 MIN | REPOS 10 MIN | CUISSON 20 MIN

POUR 8 PERSONNES

1 pâte à pizza rectangulaire
350 g de bœuf haché
1 oignon
100 g de sauce tomate
1 boule de mozzarella
6-7 brins de persil

RECETTE

- **Émincer l'oignon et le faire revenir dans une poêle. Ajouter la viande hachée et, lorsqu'elle est colorée, ajouter la sauce tomate. Mélanger, porter à ébullition et réserver.**
- **Dérouler la pâte et étaler la viande dessus. Répartir uniformément la mozzarella et rouler la pâte en serrant bien.**
- **Laisser reposer 10 minutes au congélateur puis couper en tranches de 3 à 4 cm.**
- **Les disposer dans un moule à manqué et enfourner pendant 20 minutes à 210 °C.**
- **Saupoudrer de persil à la sortie du four.**
- **Déguster chaud.**

Pizzas bagels

PRÉPARATION 10 MIN | CUISSON 10 MIN

POUR 4 PERSONNES

1 pâte à pizza
100 g de sauce tomate
1 boule de mozzarella
10 tomates cerises
4-5 champignons de Paris
10 olives vertes et noires dénoyautées
1 tranche de jambon cru
1 poignée de roquette

RECETTE

- **À l'aide d'un bol, découper 4 disques dans la pâte, puis à l'aide d'une tasse à café ou d'un verre à shot, retirer le centre de chaque disque.**
- **Étaler la sauce tomate et disposer des morceaux de mozzarella.**
- **Puis varier les goûts : disposer des tomates cerises sur certains bagels, des tranches de champignons sur d'autres, des morceaux d'olives vertes sur d'autres.**
- **Enfourner à 210 °C pendant 10 minutes. À la sortie du four, ajouter de la roquette et sur les pizzas avec les tomates cerises, ajouter des morceaux de jambon cru.**
- **Déguster tiède ou chaud.**

Les œufs de papy Cocotte

PRÉPARATION 5 MIN | CUISSON 15 MIN

POUR 6 PIÈCES

6 tranches de pain de mie complet
6 tranches de lard
6 œufs
7-8 brins de ciboulette

RECETTE

- **À l'aide d'un rouleau à pâtisserie, étaler les tranches de pain de mie afin qu'elles deviennent bien fines.**
- **Couper chaque tranche en deux et placer les morceaux en croix dans chaque moule à muffins.**
- **Disposer une tranche de lard coupée en deux. Casser un œuf à l'intérieur.**
- **Enfourner 15 minutes à 180 °C.**
- **À la sortie du four, démouler et parsemer de ciboulette ciselée.**
- **Déguster chaud.**

Oh mon bateau !

PRÉPARATION 10 MIN | CUISSON 20 MIN

POUR 6 PIÈCES

6 petits pains
1 gousse d'ail
250 g de champignons de Paris
6 œufs
6 brins de persil (ou 1 cuillerée à soupe)

RECETTE

- **Émincer l'ail puis les champignons en fines tranches. Faire revenir les champignons et l'ail à la poêle jusqu'à l'obtention d'une belle coloration.**
- **Évider les petits pains en évitant de percer les bords. Tasser la mie au fond et sur les côtés.**
- **Garnir avec 2 cuillerées à soupe de champignons.**
- **Casser un œuf sur chaque petit pain et enfourner 20 minutes à 210 °C. Parsemer de persil ciselé.**
- **Déguster chaud ou tiède.**

Comme sur un nuage

PRÉPARATION 10 MIN | CUISSON 20 MIN

POUR 6 TOASTS

6 tranches de pain de mie
6 œufs
6 brins de persil
Sel, poivre

RECETTE

- **Préchauffer le four à 180 °C. Faire dorer les 6 tranches de pain de mie 10 minutes au four.**
- **Pendant ce temps, séparer les blancs des jaunes. Pour éviterque les jaunes ne se collent entre eux, remplir un saladier d'eau froide et verser les jaunes dedans au fur à mesure. Il est facile de les récupérer avec 1 cuillerée à soupe.**
- **Monter les blancs en neige bien fermes. Ajouter le sel et le poivre puis parsemer de persil ciselé.**
- **Disposer sur les toasts sortis du four et au centre de chaque monticule, creuser légèrement au centre.**
- **Enfourner 8 minutes à 180 °C. Puis ajouter les jaunes aux endroits creusés et faire cuire à nouveau au four pendant 3 minutes.**
- **Déguster tiède ou chaud.**

Nuage de chou-fleur

PRÉPARATION 10 MIN | CUISSON 10 MIN + 15 MIN

POUR 6 PERSONNES

½ chou-fleur
12 tranches de bacon
6-7 brins de persil
6 œufs
6 tranches épaisses de pain de mie

RECETTE

- Dans une cocotte, placer le chou-fleur avec 4 cm d'eau et refermer. Faire cuire à feu moyen 10 minutes (vous pouvez aussi faire cuire au micro-ondes, dans un récipient adapté, avec 13 cl d'eau pendant 6 minutes). Il doit être tendre. Réserver.
- Dans une poêle, faire dorer les tranches de bacon. Laisser tiédir.
- Ciseler finement le persil.
- Séparer les blancs des jaunes d'œufs et conserver les jaunes. À l'aide d'un fouet, monter les blancs d'œufs en neige bien fermes.
- Réduire le chou-fleur en purée au presse-purée et l'incorporer délicatement avec le persil aux blancs d'œufs montés.
- Déposer ce mélange sur une tranche de pain de mie recouverte de 2 tranches de bacon disposées en croix. Former un petit creux au milieu et enfourner 10 minutes à 180 °C. Au centre de chaque creux, placer ensuite 1 jaune d'œuf et enfourner de nouveau 4 minutes.
- Déguster tiède ou chaud.

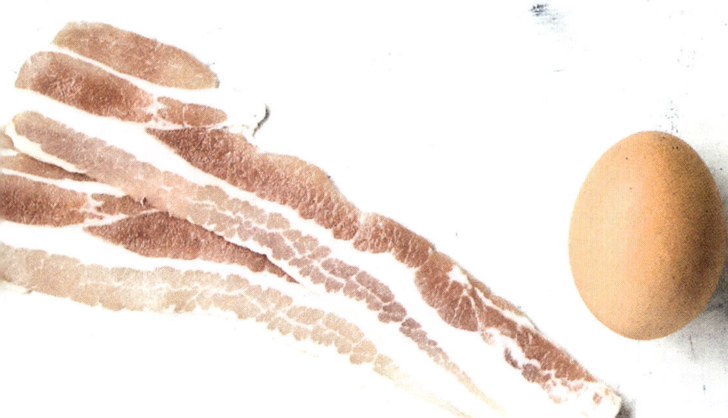

Soyons diplomates !

PRÉPARATION 10 MIN | CUISSON 25 MIN

POUR 4 PERSONNES

300 g de pain rassis
3 œufs
25 cl de lait
1 cuillerée à soupe d'herbes de Provence
15-20 olives vertes dénoyautées
5-6 tomates séchées
½ camembert

RECETTE

- **Dans un récipient, battre les œufs avec le lait.**
- **Ajouter les herbes de Provence, les olives en rondelles ainsi que les tomates séchées coupées en dés.**
- **Mettre le pain en petits morceaux dans le mélange et bien imbiber le pain. Dans un moule graissé, répartir uniformément le pain. S'il reste du liquide, le verser par-dessus.**
- **Couper le camembert en tranches et le disposer par-dessus de manière régulière.**
- **Enfourner à 180 °C pendant 25 minutes.**
- **Déguster tiède ou chaud.**

Tartines camembert

PRÉPARATION 15 MIN | CUISSON 10 MIN

POUR 4 TARTINES

4 tranches de pain de campagne
2 oignons
2 pommes
100 g de lardons
½ camembert

RECETTE

- **Éplucher et émincer les oignons. Peler les pommes, ôter les cœurs et les couper en petits dés.**
- **Faire revenir à feu doux les oignons et les pommes dans un peu de matière grasse.**
- **Au bout de 5 minutes, ajouter les lardons et remuer. Laisser revenir 5 minutes en remuant régulièrement.**
- **Étaler uniformément sur les tartines et recouvrir avec des tranches de camembert.**
- **Enfourner 10 minutes à 210 °C. Déguster tiède ou chaud.**

Bruschettas

PRÉPARATION 5 MIN | CUISSON 15 MIN

POUR 4 PARTS

4 tranches de pain de campagne
1 gousse d'ail
2 tomates
1 boule de mozzarella
1 cuillerée à café d'origan
1 cuillerée à café de persil ciselé

RECETTE

- **Éplucher la gousse d'ail et la gratter sur les tranches de pain.**
- **Déposer uniformément des tranches de tomate sur chaque bruschetta.**
- **Ajouter 2 tranches de mozzarella par pièce.**
- **Saupoudrer d'origan puis enfourner pour 15 minutes à 210 °C.**
- **À la sortie du four, parsemer le persil.**
- **Déguster tiède ou chaud.**

Pizza épou-chou-flante

PRÉPARATION 5 MIN | CUISSON 20 MIN

POUR 4 PERSONNES

1 chou-fleur
2 œufs
1 cuillerée à café d'origan
½ poivron rouge
½ poivron vert
200 g de coulis de tomate
80 g de mozzarella râpée
8 olives
Sel, poivre du moulin

RECETTE

- **Mixer le chou-fleur puis ajouter les œufs et l'origan. Saler et poivrer.**
- **Bien mélanger puis étaler la préparation sur une feuille de papier cuisson sur un diamètre de 30 cm environ.**
- **Enfourner pendant 10 minutes à 210 °C.**
- **Pendant ce temps, épépiner les poivrons et les couper en fines lamelles.**
- **À la sortie du four, étaler la sauce tomate sur la pâte au chou-fleur, la mozzarella râpée, les olives et les lamelles de poivron.**
- **Enfourner de nouveau pendant 10 minutes à 210 °C.**
- **Déguster immédiatement.**

Rdv galant pour Mme Poire et M. Roquefort

PRÉPARATION 5 MIN | CUISSON 15 MIN

POUR 4 PIÈCES

8 tranches épaisses de pain de mie
3 œufs
20 cl de lait
3 cuillerées à soupe d'herbes de Provence
200 g de roquefort
2 poires (bio de préférence)
Cerneaux de noix

RECETTE

- **Dans un récipient, battre les œufs avec le lait et les herbes de Provence.**
- **Superposer 2 tranches de pain de mie. Tasser le centre afin de former une cuvette puis tremper l'ensemble dans le mélange œufs-lait.**
- **Déposer une fine tranche de roquefort au centre du pain ainsi qu'une poire coupée en deux, évidée et légèrement entaillée. Ajouter des cerneaux de noix puis enfourner sur une plaque recouverte de papier sulfurisé pour 15 minutes à 180 °C.**
- **Déguster tiède ou chaud.**

Petits mais costauds !

PRÉPARATION 5 MIN | CUISSON 3 MIN PAR FOURNÉE

POUR 8 PERSONNES

1 pâte à pizza
½ chorizo

RECETTE

- **Couper le chorizo en fines tranches en veillant à bien retirer la peau.**
- **Dérouler la pâte et découper, à l'aide d'un verre, un maximum de disques de pâte.**
- **Placer une tranche de chorizo au centre de chacun des disques et former une boule.**
- **Faire cuire 3 minutes à l'aide de votre gaufrier. On peut placer entre 6 et 8 boules par fournée en fonction de la taille du gaufrier.**
- **Déguster chaud ou tiède.**

Minigaufres

PRÉPARATION 10 MIN | CUISSON 4 MIN

POUR 18 PIÈCES ENVIRON

300 g de pommes de terre
1 jaune d'œuf
12 cl de lait
60 g de farine
30 g d'emmental râpé
2 cuillerées à soupe d'huile
1 cuillerée à café d'herbes de Provence
½ cuillerée à café de muscade de moulue

RECETTE

- **Râper les pommes de terre après les avoir épluchées. Les égoutter dans un torchon propre.**
- **Dans un récipient, battre le jaune d'œuf avec le lait, puis ajouter la farine, l'emmental, les herbes, la muscade et l'huile. Ajouter les pommes de terre et mélanger.**
- **Déposer une petite cuillerée de préparation dans le gaufrier graissé et laisser cuire 4 minutes environ. Vous pouvez faire entre 6 et 8 gaufres par fournée, en fonction de la taille de votre gaufrier.**

Gaufres ultrafaciles

PRÉPARATION 5 MIN | CUISSON 4 MIN

POUR 4 PERSONNES

2 pâtes à pizza
100 g de pesto
2 tranches de jambon cru

RECETTE

- **Dérouler les pâtes et, pour chacune d'entre elles, découper 1 rectangle correspondant à 2 fois la taille de votre gaufrier. Étaler du pesto sur l'une des deux moitiés en veillant à laisser un contour sans garniture de 2 cm.**
- **Recouvrir d'une tranche de jambon et replier l'autre moitié de pâte sur la garniture en soudant bien les bords.**
- **Faire cuire 4 minutes au gaufrier.**
- **Déguster chaud ou tiède.**

Gaufres 4 fromages

PRÉPARATION 5 MIN | CUISSON 4 MIN

POUR 4 GAUFRES

2 pâtes feuilletées
4 tranches de cheddar en tranches
100 g de fromage frais de chèvre
100 g de mozzarella
100 g de gorgonzola

RECETTE

- **Dérouler la pâte et découper le plus grand carré possible. Étaler sur la moitié basse la moitié du fromage frais de chèvre puis recouvrir avec deux tranches de cheddar.**
- **Ajouter par-dessus la moitié de mozzarella et la moitié du gorgonzola.**
- **Replier le carré et souder les trois bords restants. Faire cuire dans le gaufrier préalablement préchauffé pendant 4 minutes environ.**
- **Recommencer pour obtenir les deux autres gaufres.**
- **Déguster tiède ou chaud.**

Gaufres perdues au pesto

PRÉPARATION 5 MIN | CUISSON 4 MIN

POUR 6 GAUFRES

12 tranches de pain de mie
4 œufs
20 cl de lait
6 cuillerées à soupe de pesto (environ 150 g)
1 cuillerée à soupe d'herbes de Provence
3 tranches de jambon blanc
1 boule de mozzarella

RECETTE

- **Battre les œufs dans un récipient, ajouter le lait et le pesto puis les herbes de Provence.**
- **Tremper les tranches de pain de mie dans le mélange.**
- **Disposer une demi-tranche de jambon et une tranche de mozzarella entre 2 tranches de pain de mie trempées.**
- **Faire cuire dans le gaufrier environ 4 minutes.**
- **Déguster tiède ou chaud.**

Empanadas tomate mozzarella

PRÉPARATION 10 MIN | CUISSON 20 MIN

POUR 6 PERSONNES

1 pâte à pizza
900 g de tomates au jus (en conserve)
1 gousse d'ail
6 brins de persil
1 boule de mozzarella
1 jaune d'œuf

RECETTE

- **Dans une poêle, faire revenir les tomates égouttées avec le persil et l'ail émincés jusqu'à ce que la quasi-totalité du jus se soit évaporée. Réserver.**
- **Dérouler la pâte à pizza et à l'aide d'un bol, découper 4 disques de pâte. Entailler la moitié du disque avec 4 traits légèrement arrondis.**
- **Garnir la moitié non coupée avec les tomates revenues tout en gardant un contour de 1 cm.**
- **Ajouter une tranche de mozzarella et refermer en repliant la pâte. Bien souder les bords.**
- **Dorer au jaune d'œuf et enfourner pendant 20 minutes à 210 °C.**

Buns poivron chorizo

PRÉPARATION 10 MIN | CUISSON 20 MIN

POUR 8 BUNS

2 pâtes à pizza
8 tranches de chorizo
1 boule de mozzarella
100 g de poivrons grillés épluchés (en conserve)
1 jaune d'œuf
1 pincée d'origan

RECETTE

- **Dérouler les pâtes puis, à l'aide d'un verre, découper 16 disques. Déposer 8 disques sur une plaque préalablement recouverte de papier sulfurisé.**
- **Sur chaque disque, déposer une tranche de chorizo, une demi-tranche de mozzarella et un petit morceau de poivron grillé égoutté.**
- **Recouvrir avec les 8 autres disques et bien souder les bords. Dorer au jaune d'œuf. Saupoudrer d'un peu d'origan.**
- **Enfourner pendant 20 minutes à 210 °C. Déguster tiède ou chaud.**

Chaussons au poulet

PRÉPARATION 15 MIN | CUISSON 5 MIN

POUR 4 PERSONNES

4 grandes tranches de pain de mie
1 gros blanc de poulet
125 g de ricotta
½ bouquet de persil
3 œufs
150 g de chapelure

RECETTE

- **Faire cuire le blanc de poulet, le laisser refroidir puis l'effilocher.**
- **Ciseler les deux tiers du persil et le mélanger avec la ricotta. Ajouter le poulet effiloché au mélange et réserver.**
- **À l'aide d'un rouleau à pâtisserie, tasser légèrement les tranches de pain de mie.**
- **Disposer au centre 1 cuillerée à soupe de garniture et replier le pain de mie en diagonale. Souder les bords.**
- **Tremper dans les œufs battus, puis dans la chapelure.**
- **Faire frire 5 minutes environ dans l'huile végétale à 170 °C.**
- **Surveiller la coloration. Parsemer du persil ciselé restant et déguster chaud ou tiède.**

Pitas au chou-fleur et à la feta

PRÉPARATION 10 MIN | CUISSON 35 MIN

POUR 6 PERSONNES

1 petit chou-fleur
3 cuillerées à soupe d'huile d'olive
½ cuillerée à café de curry
1 oignon rouge
3 tomates
150 g de feta
1 cuillerée à soupe de persil ciselé
3 pains pita

Pour la sauce au yaourt :
1 yaourt nature
Le jus de 1 citron
1 cuillerée à soupe de moutarde

RECETTE

- **Détacher les bouquets du chou-fleur, bien les nettoyer. Dans une cocotte, placer le chou-fleur avec 4 cm d'eau et refermer. Faire cuire à feu moyen 10 minutes (vous pouvez aussi faire cuire au micro-ondes, dans un récipient adapté, avec 13 cl d'eau pendant 6 minutes).**
- **Découper les bouquets en 3 ou 4. Les déposer sur une plaque recouverte de papier de cuisson et arroser de 2 cuillerées à soupe d'huile en filet. Saupoudrer de curry.**
- **Faire dorer 15-20 minutes au four préchauffé à 190 °C.**
- **Émincer l'oignon rouge. Couper les tomates et la feta en petits dés. Mélanger les morceaux de chou-fleur avec la tomate, la feta et le persil.**
- **Badigeonner les pains pita avec l'huile d'olive restante et les faire dorer 2 minutes au four. Les couper en deux puis les garnir. Enfourner de nouveau 5 minutes environ pour que le pain soit bien craquant.**
- **Mélanger tous les ingrédients de la sauce au yaourt.**
- **Déguster avec la sauce, une salade ou des légumes frais.**

Emportez-moi !

PRÉPARATION 10 MIN | CUISSON 20 MIN

POUR 8 PERSONNES

1 pâte à pizza rectangulaire
100 g de sauce tomate
1 boule de mozzarella
3 tranches de jambon
100 g de fonds d'artichaut

RECETTE

- **Dérouler la pâte et étaler la sauce tomate dessus. Répartir uniformément la mozzarella, le jambon et les fonds d'artichaut et rouler la pâte en serrant bien.**
- **Enfourner pendant 20 minutes à 210 °C.**
- **Couper en tronçons et déguster.**

Reblochon en croûte

PRÉPARATION 10 MIN | CUISSON 20 MIN

POUR 4 PERSONNES

1 pâte à pizza
1 reblochon entier
2 oignons
100 g de lardons
1 jaune d'œuf
1 cuillerée à soupe de graines de pavot

RECETTE

- **Émincer l'oignon en petits dés et commencer à le faire revenir à la poêle avec les lardons.**
- **À l'aide d'un grand couteau, découper dans l'épaisseur le reblochon et le garnir avec les oignons et les lardons grillés.**
- **Dérouler une pâte, placer le reblochon garni au centre. Découper autour en 8 parts et rabattre chacune des parts sur le reblochon. Bien souder chaque jonction. Récupérer l'excédent de pâte au milieu, l'étaler et dessiner une forme d'élan.**
- **Retourner le reblochon sur une feuille de papier sulfurisé afin que le côté le plus lisse soit visible et déposer l'élan dessus. Dorer au jaune d'œuf et parsemer le bas des pattes de l'élan de graines de pavot pour représenter le sol.**
- **Faire cuire pendant 20 minutes à 210 °C. Déguster chaud ou tiède.**

Calzone camembert

PRÉPARATION 10 MIN | CUISSON 20 MIN

POUR 3 PERSONNES

1 pâte feuilletée
1 oignon
1 pomme
5 cl de calvados
1 camembert
6 cerneaux de noix
1 jaune d'œuf

RECETTE

- **Émincer l'oignon et la pomme en petits dés et les faire revenir avec le calvados pendant une dizaine de minutes en remuant régulièrement.**
- **Découper le camembert en 2 dans l'épaisseur. Le garnir avec les oignons et les pommes revenus. Ajouter des cerneaux de noix.**
- **Refermer le camembert et le placer au centre d'une pâte feuilletée préalablement déposée sur une feuille de papier sulfurisé.**
- **Découper la pâte en 8 parts et former un arrondi en coupant l'excédent sur chacune des 8 parts. Replier chaque part l'une après l'autre sur le camembert. À l'aide d'un pinceau alimentaire dorer au jaune d'œuf la pâte. Enfourner 20 minutes à 210 °C.**
- **Déguster tiède ou chaud.**

Corde apéro

PRÉPARATION 8 MIN | CUISSON 20 MIN

POUR 6 PERSONNES

2 pâtes à pizza rectangulaires
100 g de sauce tomate
1 cuillerée à café d'origan
1 boule de mozzarella

RECETTE

- **Dérouler une pâte. Étaler la sauce tomate en laissant un contour de 2 cm. Saupoudrer d'origan.**
- **Disposer le fromage coupé en petits morceaux de manière uniforme. Recouvrir d'une seconde pâte et bien souder les bords.**
- **Découper la pâte en 4 de manière à obtenir des bandes les plus longues possibles. Souder les bandes entre elles afin d'obtenir une seule très grande bande. La plier en 2 et la tresser pour obtenir une corde. Faire un nœud à la hauteur souhaitée et dorer au jaune d'œuf.**
- **Enfourner à 210 °C pendant 20 minutes.**
- **Déguster tiède ou chaud.**

Tresse façon tartiflette

PRÉPARATION 15 MIN | CUISSON 20 MIN

POUR 6 PERSONNES

1 pâte feuilletée
5-6 pommes de terre cuites
5 cl de crème fraîche
100 g de lardons
200 g de reblochon
1 jaune d'œuf

RECETTE

- Dérouler la pâte sur un papier sulfurisé. Laisser une bande de 10 cm libre au centre et découper de chaque côté des bandes de 2 cm de largeur.
- Déposer sur la bande de pâte des rondelles d'1 cm de pomme de terre. Étaler un peu de crème fraîche par-dessus et parsemer de lardons.
- Recouvrir de fines tranches de reblochon.
- Faire une deuxième couche de pommes de terre, de crème fraîche, de lardons et de reblochon.
- Rabattre les deux extrémités de la pâte vers l'intérieur en prenant soin de recouvrir toute la hauteur de la garniture. Rabattre les bandes en alternant celles de droite et de gauche afin de former une tresse.
- Avec un pinceau alimentaire, étalerle jaune d'œuf. Enfourner 20 minutes environ à 210 °C.
- Déguster tiède ou chaud.

Tresse ricotta jambon cru

PRÉPARATION 10 MIN | REPOS 10MIN | CUISSON 25 MIN

POUR 6 PERSONNES

1 pâte à pizza rectangulaire
250 g de ricotta
6-7 brins de persil plat
4 tranches de jambon cru
1 jaune d'œuf

RECETTE

- **Mélanger la ricotta avec le persil ciselé.**
- **Dérouler la pâte et étaler le mélange dessus. Recouvrir avec les tranches de jambon cru et rouler la pâte en serrant bien.**
- **Laisser reposer 10 minutes au congélateur puis couper en 2 dans le sens de la longueur.**
- **Tresser les 2 morceaux et placer la tresse sur une plaque allant au four recouverte de papier sulfurisé.**
- **Dorer les parties visibles de la pâte au jaune d'œuf et enfourner pendant 25 minutes à 210 °C.**
- **Déguster tiède ou chaud.**

Tresse veggie

PRÉPARATION 10 MIN | CUISSON 25 MIN

POUR 6 PERSONNES

1 pâte à pizza rectangulaire
100 g de pesto
½ bûche de chèvre
100 g de sauce tomate
1 boule de mozzarella
100 g de crème fraîche
100 g de fonds d'artichaut
6-7 brins de persil
1 jaune d'œuf

RECETTE

- **Dérouler la pâte et la couper en 3 dans le sens de la longueur.**
- **Garnir la première bande avec du pesto et des morceaux de chèvre, la seconde avec de la sauce tomate et de la mozzarella et la dernière avec la crème fraîche et les fonds d'artichaut.**
- **Souder l'ensemble des bords de chaque bande. Puis réaliser une tresse avec les 3 bandes en serrant bien. Attention, il faut être vigilant à mettre la soudure de la tresse en dessous ou sur le côté afin que la tresse soit la plus esthétique possible.**
- **Dorer les parties visibles de la pâte au jaune d'œuf et enfourner pendant 25 minutes à 210 °C.**
- **Déguster tiède ou chaud.**

Piadina

POUR 8 PERSONNES

2 pâtes à pizza
8 tranches de salami
2 tranches de jambon blanc
1 boule de mozzarella

RECETTE

- **Graisser une poêle avec un peu d'huile d'olive. Étaler une pâte à pizza dedans.**
- **Répartir uniformément le salami, le jambon blanc et les tranches de mozzarella en laissant un contour sans garniture de 2 cm.**
- **Recouvrir d'une seconde pâte et former un boudin sur les contours afin de bien souder les bords.**
- **Faire cuire dans la poêle à feu moyen 4 ou 5 minutes. La pâte doit se décoller toute seule. Retourner la piadina et laisser cuire 4 à 5 minutes.**
- **Déguster tiède ou chaud.**

Calzone 4 fromages

PRÉPARATION 10 MIN | CUISSON 15 MIN

POUR 6 PERSONNES

2 pâtes à pizza
100 g de sauce tomate
100 g de reblochon
6 tranches de cheddar
1 boule de mozzarella
½ bûche de chèvre
1 cuillerée à café d'origan

RECETTE

- **Préchauffer le four à 250 °C. Dérouler une pâte sur une plaque antiadhésive. Étaler la sauce tomate en laissant un contour de 3 cm. Saupoudrer d'origan. Disposer le fromage de manière uniforme.**
- **Déposer 3 pailles sur la pizza en veillant à ce qu'elles dépassent de la pâte des trois quarts.**
- **Recouvrir d'une seconde pâte et bien souder les bords. Une fois bien soudés, replier la soudure sur elle-même pour former un boudin. Le faire glisser sous la pizza.**
- **Souffler fort dans les pailles pour faire gonfler la pizza et refermer très rapidement comme précédemment expliqué.**
- **Enfourner sans attendre pendant 15 minutes.**
- **Déguster tiède ou chaud.**

Carré pommes oignons

PRÉPARATION 15 MIN | CUISSON 20 MIN

POUR 4 PERSONNES

4 pâtes feuilletées
½ bûche de chèvre
4 oignons
2 pommes
20 g de sucre
1 jaune d'œuf

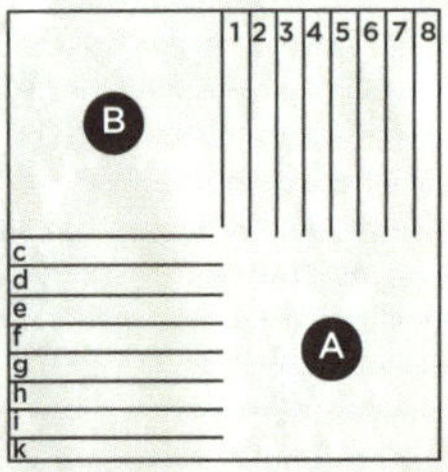

RECETTE

- **Émincer l'oignon, couper en cubes les pommes, puis les faire caraméliser ensemble avec le sucre.**
- **Dérouler la pâte sur du papier sulfurisé. Découper le plus grand carré possible et suivre le modèle de découpe. 24 disques de la taille d'un verre. Former un cercle avec 12 disques.**
- **Garnir la partie A en laissant 1 cm de libre tout autour avec les oignons et les pommes caramélisés. Ajouter une tranche de bûche de chèvre. Rabattre B sur A et bien souder les bords. À l'aide d'un pinceau alimentaire, dorer au jaune d'œuf. Replier 1 sur A, puis C sur A. Continuer en repliant 2 sur A, puis D sur A, et ainsi de suite en alternant les bandes de chiffres et de lettres. À l'aide d'un pinceau alimentaire, dorer au jaune d'œuf. Enfourner 20 minutes à 210 °.**
- **Déguster tiède ou chaud.**

Wraps meatball

PRÉPARATION 10 MIN | CUISSON 10 MIN

POUR 3 WRAPS

1 pâte à pizza
350 de bœuf haché
½ oignon
6-7 brins de persil
6 tranches de cheddar
6 tranches d'emmental
1 tomate
1 poignée de salade

RECETTE

- **Émincer l'oignon et ciseler le persil. Les mélanger avec la viande hachée. Former des boules puis les faire revenir de tous les côtés et les cuire à convenance.**
- **Dérouler la pâte et, à l'aide d'un bol, découper des disques de pâte.**
- **Les faire cuire avec un peu d'huile d'olive 4 à 5 minutes par face. Une fois retournés, placer 2 tranches de cheddar et 2 d'emmental sur chaque disque afin que le fromage commence à fondre.**
- **En fin de cuisson, ajouter des tranches de tomate, la salade et refermer à l'aide d'un cure-dents pour les maintenir. Servir aussitôt !**

French Touch Burger

PRÉPARATION 10 MIN | CUISSON 20 MIN

POUR 1 BURGER

1 petit pain
2 tranches de bacon
150 g de viande hachée
2 tranches d'emmental
2 tranches de cheddar
2 tranches de tomate
4 rondelles d'oignon jaune
2 feuilles de salade

RECETTE

- **Sur une plaque antiadhésive, déposer les tranches de bacon et les enfourner pendant 10 minutes à 170 °C.**
- **Dans une poêle, faire revenir la viande hachée que vous aurez préalablement agglomérée de la même taille que le pain. Une fois la viande retournée, déposer 2 tranches d'emmental par-dessus et laisser fondre.**
- **Dans le même temps, découper le pain en deux dans l'épaisseur et déposer le cheddar sur la partie inférieure. Faire fondre au four pendant 3 à 4 minutes.**
- **Quand le fromage est fondu, déposer la viande sur la partie inférieure du pain. Ajouter le bacon, les tomates, les oignons et la salade.**
- **Refermer avec la partie supérieure du pain et déguster aussitôt.**

Cheeseburgers

PRÉPARATION 15 MIN | CUISSON 20 MIN

POUR 2 CHEESEBURGERS

1 pâte feuilletée
4 tranches de cheddar
350 g de bœuf haché
4 tranches d'emmental
1 oignon rouge
1 tomate
1 cuillerée à soupe de graines de sésame
1 jaune d'œuf

RECETTE

- **Dérouler la pâte sur du papier sulfurisé. À l'aide d'un bol, découper 4 disques. Dorer au jaune d'œuf deux disques et les saupoudrer de graines de sésame. Faire cuire 15 minutes à 210 °C.**
- **Déposer 2 tranches de cheddar par disque non doré et enfourner 2 minutes afin que le fromage fonde.**
- **Former des steaks avec la viande hachée et faire cuire selon votre goût. En fin de cuisson, ajouter deux tranches d'emmental par steak.**
- **Émincez en fines tranches l'oignon rouge et le disposer sur le cheddar.**
- **Ajouter une tranche de tomate puis le steak au fromage. Ajouter le couvercle.**
- **Déguster chaud.**

Burger grosse faim

PRÉPARATION 10 MIN | CUISSON 15 MIN

POUR 8 PERSONNES

2 pâtes à pizza épaisses
2 tomates
7 tranches de bacon
1 jaune d'œuf
2 cuillerées à soupe de graines de sésame
350 g de bœuf haché
8 tranches de cheddar
8 tranches d'emmental
1 poignée de feuilles de salade
3 cuillerées à soupe de moutarde

RECETTE

- **Couper les tomates en tranches et faire cuire le bacon au four sur du papier sulfurisé pendant 10 minutes à 170 °C. Réserver.**
- **Dérouler les pâtes et, à l'aide d'un bol, découper un disque au centre de chaque pâte. Dorer au jaune d'œuf les anneaux et parsemer l'un des deux de graines de sésame. Enfourner pour 10 minutes à 210 °C.**
- **Disposer la viande hachée en forme d'anneau et la faire cuire dans une poêle chaude selon votre goût. Disposer sur l'anneau sans sésame les tranches de cheddar, la viande ainsi que les tranches d'emmental. Faire fondre au four 2 à 3 minutes.**
- **Une fois le fromage fondu, ajouter le bacon, les tranches de tomate et la salade. Étaler la moutarde sur le côté interne de l'anneau avec le sésame. Refermer.**
- **Déguster chaud ou tiède, accompagné de frites, par exemple.**

Burgers de chou-fleur

PRÉPARATION 15 MIN | CUISSON 20 MIN

POUR 4 BURGERS

2 petits choux-fleurs
4 tranches de cheddar
4 tranches d'emmental
2 steaks hachés
4 tranches de bacon
2 tomates en rondelles
2 feuilles de salade
Moutarde
Graines de sésame

RECETTE

- **Couper des grandes tranches de chou-fleur. Les placer dans une cocotte avec 4 cm d'eau et refermer. Faire cuire à feu moyen 10 minutes (vous pouvez aussi faire cuire au micro-ondes, dans un récipient adapté, avec 13 cl d'eau pendant 6 minutes). Elles doivent être tendres. Laisser tiédir.**
- **Les déposer sur une feuille de papier cuisson. Ajouter une tranche de chaque fromage sur chaque morceau de chou-fleur.**
- **Enfourner 10 minutes à 180 °C.**
- **Pendant ce temps, faire cuire les steaks et le bacon selon le goût de chacun.**
- **Dès que le fromage est fondu, disposer les autres ingrédients sur la moitié des tranches de chou-fleur et recouvrir d'une autre tranche.**
- **Assaisonner de moutarde, saupoudrer de graines de sésame et déguster.**

Croque-monsieur perdu

PRÉPARATION 10 MIN | CUISSON 5 MIN

POUR 6 PIÈCES

12 tranches épaisses de pain de mie
4 œufs
30 cl de lait
3 tranches de jambon
1 boule de mozzarella
50 g de beurre

RECETTE

- **Battre les œufs avec le lait dans un récipient suffisamment grand pour y tremper les tranches de pain de mie.**
- **Tremper les tranches de pain de mie. Entre deux tranches, disposer une demi-tranche de jambon et une tranche de mozzarella.**
- **Faire fondre le beurre dans une poêle et faire cuire 5 minutes en retournant à mi-cuisson.**
- **Déguster tiède ou chaud.**

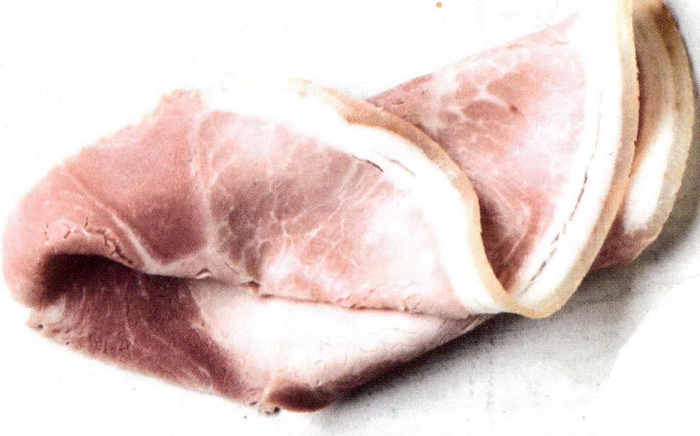

Croque-chou

PRÉPARATION 10 MIN | CUISSON 20 MIN

POUR 4 CROQUES

1 chou-fleur
2 œufs
1 cuillerée à soupe de fécule de maïs
1 cuillerée à café d'herbes de Provence
½ bouquet de persil
120 g d'emmental râpé
4 tranches de jambon

RECETTE

- **Ôter le cœur du chou-fleur et mixer les bouquets. Verser dans un récipient.**
- **Ajouter les œufs, la fécule de maïs, les herbes de Provence, le persil haché et bien mélanger.**
- **Sur une feuille de papier cuisson, former 8 rectangles de la taille d'une tranche de pain de mie.**
- **Enfourner 10 minutes à 200 °C.**
- **Sortir du four puis, sur la moitié des tranches, étaler uniformément le fromage râpé et les tranches de jambon.**
- **Refermer avec un rectangle de chou-fleur et enfourner de nouveau 10 minutes à 200 °C.**
- **Déguster chaud ou tiède.**

Baguette flammekueche

PRÉPARATION 5 MIN | CUISSON 20 MIN

POUR 8 PERSONNES

1 baguette
2 oignons
15 cl de crème fraîche
100 g de lardons
Sel, poivre

RECETTE

- **Émincer les oignons et les faire fondre avec un peu d'eau à la poêle jusqu'à ce qu'ils deviennent translucides.**
- **Évider la baguette. Garnir avec la crème fraîche.**
- **Disposer uniformément les oignons fondus et les lardons.**
- **Enfourner pendant 20 minutes à 180 °C.**
- **Rectifier l'assaisonnement et déguster chaud.**

Baguette raclette

PRÉPARATION 10 MIN | CUISSON 20 MIN

POUR 8 PERSONNES

1 baguette
1 oignon
450 g de pommes de terre cuites
250 g de fromage à raclette
2 tranches de jambon blanc
2 tranches de jambon cru

RECETTE

- **Éplucher et émincer l'oignon. Le faire dorer dans une poêle antiadhésive pendant 5 minutes avec un peu de matière grasse.**
- **Pendant ce temps, découper les pommes de terre cuites en tranches.**
- **Évider la baguette, tasser la mie vers le fond. Disposer une couche de fromage à raclette puis d'oignon. Recouvrir avec une couche de jambon cru.**
- **Disposer par-dessus une couche de tranches de pomme de terre et d'oignon.**
- **Recouvrir avec du fromage à raclette puis enfourner 20 minutes à 180 °C.**
- **Déguster chaud.**

Baguette à la tomate

PRÉPARATION 15 MIN | CUISSON 15 MIN

POUR 8 PERSONNES

1 baguette
800 g de tomates entières pelées (en conserve)
1 cuillerée à soupe d'origan
3 cuillerées à soupe de moutarde
2 tranches de jambon blanc
1 boule de mozzarella

RECETTE

- **Égoutter fortement les tomates et les faire revenir à la poêle avec l'origan pour qu'elles rendent un maximum d'eau.**
- **Pendant ce temps, évider la baguette et étaler la moutarde dans le fond.**
- **Recouvrir avec le jambon et disposer par-dessus les tomates revenues.**
- **Découper la mozzarella en tranches et les déposer par-dessus.**
- **Enfourner 15 minutes à 200 °C. Déguster chaud.**

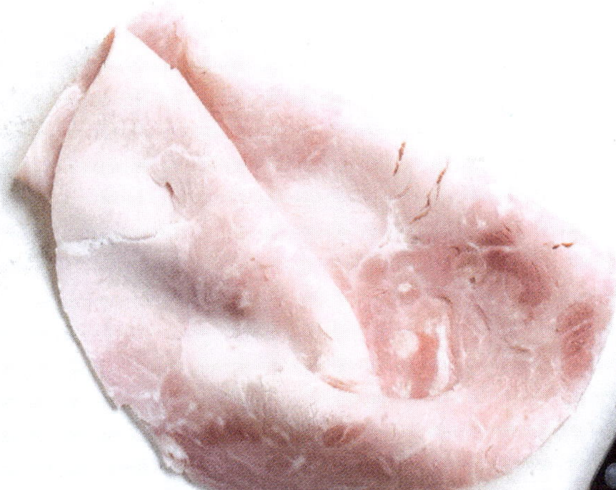

Bagu'œufs

PRÉPARATION 10 MIN | CUISSON 10 MIN

POUR 8 PERSONNES

1 baguette
½ poivron rouge
½ poivron vert
8 œufs
100 g de dés de jambon
75 g de mozzarella râpée
1 cuillerée à soupe de ciboulette

RECETTE

- **Couper les poivrons en petits cubes en veillant à bien retirer tous les pépins.**
- **Dans un grand sac zip, mettre les œufs, les cubes de poivron et les dés de jambon. Ajouter la mozzarella. Bien refermer et remuer. Faire cuire en trempant le sac dans une casserole d'eau bouillante. Une fois cuite, couper l'omelette en deux dans le sens de l'épaisseur.**
- **Évider la baguette par le haut. Disposer les 2 moitiés d'omelette et couper en parts.**
- **Parsemer la ciboulette, saupoudrer de sel et de poivre.**
- **Déguster immédiatement.**

La baguette amoureuse

PRÉPARATION 5 MIN | CUISSON 25 MIN

POUR 6 BAGUETTES

3 baguettes en pâte (chez le boulanger)
ou 750 g de pâte à pain
6 tranches de jambon cru

RECETTE

- **À l'aide d'un rouleau à pâtisserie, étaler la pâte en 6 rectangles de la longueur d'une demi-baguette et de la largeur d'une tranche de jambon cru.**
- **Déposer une tranche de jambon par rectangle. Rouler les rectangles.**
- **Enfourner pour 25 minutes à 250 °C en ajoutant dans le four un bol résistant à la chaleur rempli d'eau.**
- **Déguster tiède ou chaud.**

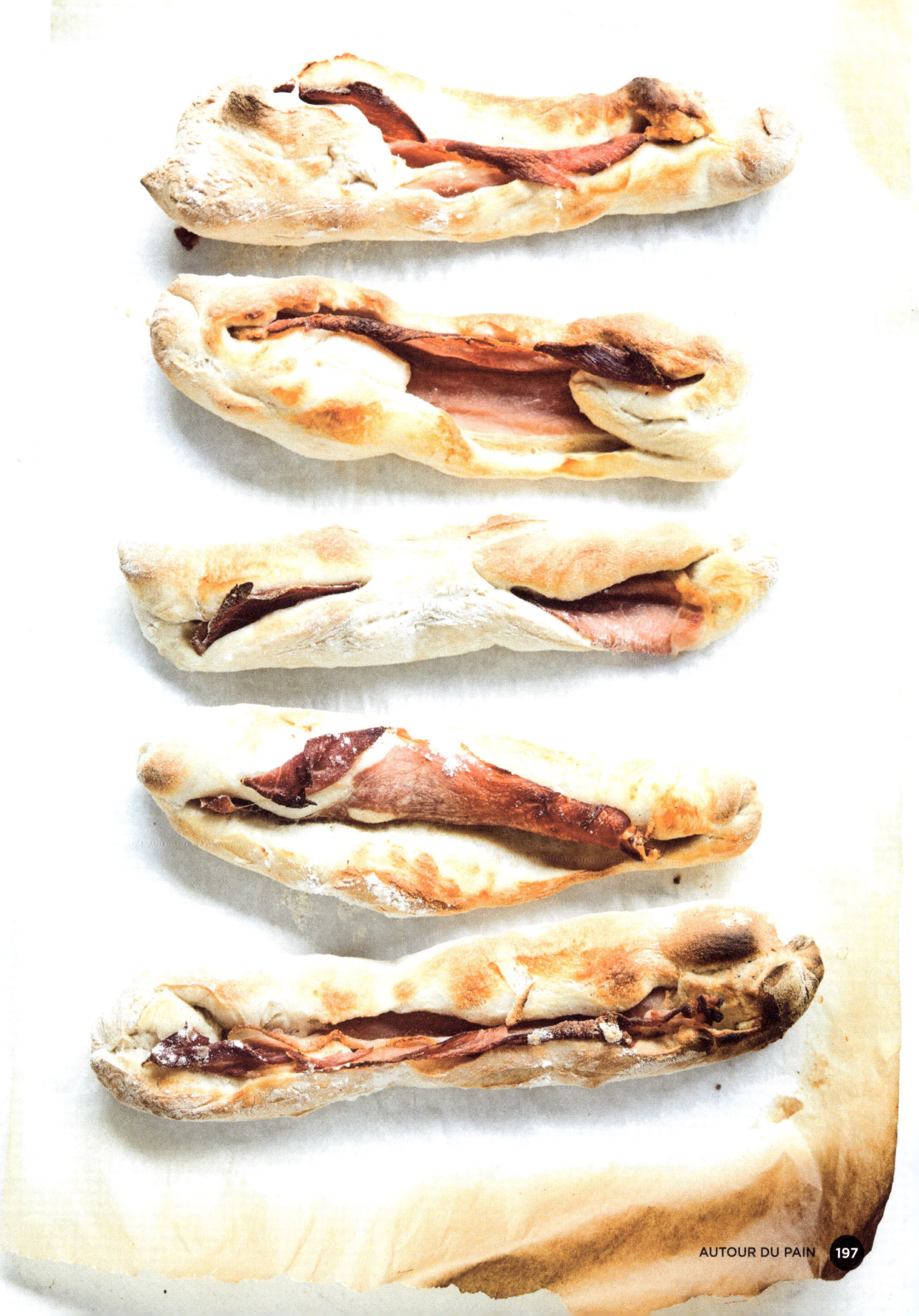

Baguette quiche

PRÉPARATION 5 MIN | CUISSON 20 MIN

POUR 8 PERSONNES

1 baguette
50 g de lardons
3 œufs
15 cl de crème liquide
50 g de dés de jambon
100 g de mozzarella râpée
Sel, poivre

RECETTE

- **Faire revenir les lardons dans une poêle jusqu'à ce qu'ils soient bien dorés. Réserver.**
- **Dans un récipient, battre les œufs avec la crème liquide. Assaisonner.**
- **Évider la baguette, disposer uniformément les dés de jambon et les lardons grillés.**
- **Verser l'appareil à quiche et saupoudrer de mozzarella râpée.**
- **Enfourner 20 minutes à 180 °C. Déguster chaud, tiède ou froid.**

Pain à l'ail

PRÉPARATION 10 MIN | CUISSON 15 MIN

POUR 6 PERSONNES

1 pâte à pain (chez le boulanger)
125 g de beurre demi-sel mou
4-5 gousses d'ail
½ bouquet de persil

RECETTE

- **Dans un mixeur, disposer l'ail épluché ainsi que le persil. Mixer finement et ajouter petit à petit le beurre en dés. Réserver.**
- **À l'aide d'un rouleau à pâtisserie, étaler la pâte en rectangle d'environ 30 x 40 cm. Garnir avec un boudin de beurre à l'ail. Rabattre la pâte sur le boudin de beurre et bien souder les bords.**
- **Retourner sur une feuille de papier cuisson afin que la soudure soit dessous.**
- **Enfourner à 250 °C pour 15 minutes avec un bol résistant à la chaleur rempli d'eau.**
- **Déguster tiède ou chaud.**

La rencontre de l'Italie et de la France

PRÉPARATION 5 MIN | CUISSON 20 MIN

POUR 8 PERSONNES

1 baguette
200 g de sauce tomate
3 tranches de jambon
1 boule de mozzarella
½ bûche de chèvre
1 cuillerée à soupe d'origan
12 olives noires dénoyautées

RECETTE

- **Découper la baguette en deux dans le sens de l'épaisseur.**
- **Étaler la sauce tomate côté mie de manière uniforme.**
- **Disposer le jambon en morceaux par-dessus.**
- **Ajouter des tranches de mozzarella et de bûche de chèvre.**
- **Saupoudrer d'origan et disposer régulièrement les olives noires.**
- **Enfourner 20 minutes à 210 °C et déguster tiède ou chaud.**

Méli-mélo de fromages

PRÉPARATION 10 MIN | CUISSON 25 À 35 MIN

POUR 6 PERSONNES

1 baguette crue (chez le boulanger) ou 250 g de pâte à pain
50 g de roquefort
50 g de gouda
½ boule de mozzarella
½ bûche de chèvre

RECETTE

- **Découper tous les fromages en cubes.**
- **À l'aide d'un rouleau à pâtisserie, étaler la pâte à pain en rectangle. La grande longueur du rectangle doit correspondre à la longueur d'une baguette.**
- **Répartir uniformément les cubes de fromage. Replier la pâte et souder la pâte afin de donner une vraie forme de baguette.**
- **Retourner la baguette. À l'aide d'un couteau, faire de légères entailles.**
- **Déposer sur une plaque antiadhésive allant au four et enfourner à 250 °C en ajoutant dans le four un bol résistant à la chaleur rempli d'eau. Attention à ne pas utiliser la chaleur tournante mais la chaleur traditionnelle. Le temps de cuisson varie en fonction de vos goûts. Il faut compter entre 25 et 35 minutes.**
- **Déguster tiède ou chaud.**

Pavé de lasagnes

PRÉPARATION 15 MIN | CUISSON 40 MIN

POUR 6 PERSONNES

1 pavé de campagne
½ oignon
350 g de bœuf haché
200 g de sauce tomate
20 cl de crème fraîche épaisse
6 feuilles de lasagne
1 cuillerée à café de noix de muscade
75 g de mozzarella râpée

RECETTE

- **Émincer l'oignon et le faire revenir dans une grande casserole avec un peu de matière grasse.**
- **À mi-cuisson, ajouter la viande hachée. Quand elle commence à dorer, ajouter la sauce tomate. Laisser réduire et réserver.**
- **Creuser le pain et tasser la mie le plus possible afin d'obtenir la cavité la plus profonde possible.**
- **Déposer une couche de sauce bolognaise, recouvrir de crème fraîche. Saupoudrer de noix de muscade et recouvrir de feuilles de lasagne. Recommencer l'opération jusqu'au sommet du pain.**
- **Sur la dernière feuille de lasagne, étaler un peu de crème et recouvrir de mozzarella râpée.**
- **Enfourner 40 minutes à 180 °C.**
- **Déguster chaud.**

Pain hérisson

PRÉPARATION 5 MIN | CUISSON 20 MIN

POUR 8 PERSONNES

1 boule de campagne
1 reblochon
100 g de lardons

RECETTE

- **Entailler le pain en réalisant un quadrillage avec un intervalle de 2 cm entre chaque entaille.**
- **Couper le reblochon en fines tranches et les insérer dans les entailles.**
- **Disposer uniformément les lardons et les enfoncer légèrement.**
- **Enfourner 20 minutes à 180 °C.**
- **Déguster tiède ou chaud.**

Quand le pudding est bon !

PRÉPARATION 5 MIN | CUISSON 45 MIN

POUR 6 PERSONNES

1 baguette de pain (rassis ou pas)
20 tomates confites à l'huile
25 cl de lait
3 œufs
15 olives noires dénoyautées
2 yaourts nature
150 g de parmesan
1 cuillerée à soupe de graines de cumin
Sel, poivre

RECETTE

- **Couper la baguette en cubes et les tomates en lanières.**
- **Dans un grand saladier, mélanger tous les ingrédients. Veiller à ce que tous les morceaux de pain soient imbibés.**
- **Disposer le mélange dans un moule à manqué graissé et enfourner 45 minutes à 180 °C.**
- **Déguster tiède ou chaud.**

Aïe ! Ail ! Ail !

PRÉPARATION 10 MIN | CUISSON 25 MIN

POUR 6 PERSONNES

1 pain de campagne
½ tête d'ail
½ bouquet de persil
125 g de beurre demi-sel mou
1 boule de mozzarella

RECETTE

- **Éplucher l'ail et le mixer avec le persil. Ajouter le beurre jusqu'à l'obtention d'un mélange homogène.**
- **Entailler le pain assez profondément tous les 2 cm.**
- **Répartir le beurre persillé à l'ail entre chaque entaille.**
- **Couper la boule de mozzarella en fines tranches et les insérer dans un maximum d'entailles.**
- **Enfourner 25 minutes à 180 °C.**
- **Déguster tiède ou chaud.**

Couronne de buns

PRÉPARATION 20 MIN | CUISSON 20 MIN

POUR 10 PARTS

2 pâtes à pizza
1 blanc de poulet
10 cl de lait de coco
1 cuillerée à café de curry
2 jaunes d'œufs
5 tranches de cheddar
2 tomates
100 g de poivrons grillés épluchés (en conserve)
1 cuillerée à soupe de graines de sésame

RECETTE

- **Faire cuire le poulet, le laisser refroidir et l'effilocher. Dans une poêle, mettre le poulet effiloché, le lait de coco et le curry. Porter à ébullition en remuant régulièrement. Ajouter un jaune d'œuf et remuer activement. La sauce doit épaissir. Stopper la cuisson et réserver.**
- **Dérouler les pâtes. À l'aide d'un verre, découper 20 disques. Sur une plaque recouverte de papier sulfurisé, placer 10 disques en forme de couronne en faisant en sorte que chaque disque se touche.**
- **Couper le cheddar en 4, couper de fines tranches de tomate et des morceaux de poivron de la taille d'une pièce de 2€.**
- **Disposer un morceau de cheddar sur chaque disque, ajouter une demi-tranche de tomate, une grosse cuillerée à café de poulet. Recouvrir avec le poivron et un autre morceau de cheddar.**
- **Refermer les buns avec les autres disques. Bien souder les bords. Dorer au jaune d'œuf et saupoudrer de graines de sésame.**
- **Enfourner à 210 °C pendant 20 minutes.**
- **Déguster tiède ou chaud.**

Couronne vol-au-vent

PRÉPARATION 10 MIN | CUISSON 20 MIN

POUR 10 PERSONNES

2 pâtes feuilletées
350 g de courge
6-7 brins de persil
½ reblochon
10 cerneaux de noix
1 jaune d'œuf

RECETTE

- **Dérouler les pâtes et découper, à l'aide d'une tasse à café, 20 disques. Placer sur du papier sulfurisé 10 disques en couronne. Découper l'intérieur des 10 autres disques pour ne garder qu'un contour de 1 cm de large. Placer chaque contour sur un disque. À l'aide d'un pinceau alimentaire, dorer au jaune d'œuf la pâte. Enfourner 20 minutes à 210 °C. À la sortie du four, découper l'opercule au milieu de chaque disque.**
- **Faire cuire la courge coupée en cubes (avec la peau, elle se détachera très facilement après cuisson) pendant 20 minutes dans de l'eau bouillante. Une fois cuite, égoutter, retirer la peau. Mixer avec le persil et réserver.**
- **Garnir la couronne avec une cuillerée à soupe de purée de courge dans chaque vol-au-vent. Ajouter des dés de reblochon et un cerneau de noix. Enfourner pendant 7 minutes environ à 180°C.**
- **Déguster tiède ou chaud.**

Pizza balls

PRÉPARATION 15 MIN | CUISSON 20 MIN

POUR 8 PERSONNES

3 pâtes à pizza
100 g de sauce tomate
1 boule de mozzarella
2 tomates
30 olives noires dénoyautées
1 gousse d'ail
1 cuillerée à soupe d'origan
5 cl d'huile d'olive

RECETTE

- **Déposer un petit bol de sauce tomate au centre d'un moule à tarte recouvert de papier sulfurisé.**
- **À l'aide d'une tasse à café, découper un maximum de disques dans les pâtes.**
- **Couper la mozzarella et les tomates en bâtonnets. Placer dans chaque disque un bâtonnet de tomate, un de mozzarella et une olive noire. Former une boule et disposer dans le plat autour du bol. Continuer jusqu'à remplir le plat.**
- **Émincer une gousse d'ail et la mélanger avec l'origan et l'huile d'olive. À l'aide d'un pinceau, appliquer ce mélange sur les boules et enfourner à 210 °C pendant 20 minutes.**
- **Déguster tiède ou chaud.**

Apéri-balls

PRÉPARATION 10 MIN | CUISSON 20 MIN

POUR 8 PERSONNES

2 pâtes à pizza
2 tranches de saumon ou de truite fumée
50 g de crème fraîche
3 brins d'aneth
15 tomates cerises
100 g de bûche de chèvre
2 tranches de jambon
1 boule de mozzarella
15 olives vertes
100 g de feta
1 jaune d'œuf
1 cuillerée à soupe d'origan
1 cuillerée à soupe de pavot bleu
1 cuillerée à soupe de graines de sésame

RECETTE

- Dérouler les pâtes et, à l'aide d'un verre, découper un maximum de disques ; les séparer en 4 tas égaux.
- Garnir chacun des tas de disques avec l'une des associations suivantes :
  - 1 petit morceau de saumon fumé, 1 demi-cuillerée à café de crème fraîche et 1 petit morceau d'aneth ;
  - 1 tomate cerise et 1 petit morceau de chèvre ;
  - 1 morceau de jambon et 1 dé de mozzarella ;
  - 1 olive verte et 1 cube de feta.
- Former une boule avec chacun des disques garnis.
- Disposer les boules dans un moule graissé en forme de couronne en disposant les saveurs quart par quart. Dorer au jaune d'œuf.
- Saupoudrer un quart de la couronne avec de l'origan, un autre quart avec du pavot bleu, un autre avec des graines de sésame.
- Enfourner pendant 20 minutes à 210 °C.
- Déguster chaud.

Torsade d'un jour, torsade toujours !

PRÉPARATION 10 MIN | CUISSON 20 MIN

POUR 8 PERSONNES

2 pâtes feuilletées
100 g de pesto vert
1 jaune d'œuf
30 g de pignons de pin

RECETTE

- **Dérouler la pâte feuilletée sur une plaque antiadhésive allant au four.**
- **Déposer uniformément le pesto à l'aide d'une cuillerée.**
- **Recouvrir avec une seconde pâte feuilletée en soudant bien les bords.**
- **Mettre un verre au milieu puis découper en 24 parts égales. Torsader les parts puis, à l'aide d'un pinceau, dorer au jaune d'œuf les parties les plus accessibles.**
- **Parsemer de pignons de pin et enfourner à 210 °C pendant 20 minutes.**
- **Déguster tiède ou chaud.**

Mon beau sapin, roi des palais

PRÉPARATION 15 MIN | CUISSON 20 MIN

POUR 6 PERSONNES

2 pâtes feuilletées
150 g de caviar d'aubergine
150 g de caviar de tomates à l'ail
1 jaune d'œuf

RECETTE

- Dérouler la pâte sur un papier cuisson.
- Découper une forme de sapin.
- Sur chaque moitié du sapin, étaler uniformément un caviar différent.
- Recouvrir le tout avec une seconde pâte feuilletée et retourner le tout.
- S'aider du premier sapin pour retirer la pâte en excès.
- Découper une dizaine de bandes de chaque côté afin de former les branches du sapin.
- Torsader chaque branche en veillant à être le plus régulier possible. À l'aide d'un pinceau alimentaire, dorer au jaune d'œuf.
- Enfourner 20 minutes à 210°C.
- Déguster tiède ou chaud.

Étoile des neiges

PRÉPARATION 10 MIN | CUISSON 20 MIN

POUR 8 PERSONNES

1 pâte à pizza
200 g de raclette en tranches
3 pommes de terre cuites
2 tranches de jambon blanc
1 jaune d'œuf

RECETTE

- **Dérouler la pâte sur une plaque de cuisson recouverte de papier sulfurisé et la couper en 8 parts égales. Replier les contours extérieurs l'un sur l'autre de manière à former une pointe par part. Glisser un morceau de fromage dans chacune des pointes.**
- **Disposer une couche de fromage à raclette, de tranches de pomme de terre, de jambon puis de nouveau de fromage en prenant soin de laisser un disque de 10 cm de diamètre au centre sans garniture.**
- **Rabattre les pointes du centre de l'étoile vers l'extérieur pour recouvrir légèrement la garniture.**
- **Dorer au jaune d'œuf et enfourner pendant 20 minutes à 210 °C.**
- **Déguster chaud.**

Couronne étoilée

PRÉPARATION 10 MIN | CUISSON 20 MIN

POUR 4 PERSONNES

1 pâte feuilletée
½ tête de brocoli
4 tranches de bacon
100 g de cheddar râpé
1 jaune d'œuf

RECETTE

- Séparer les bouquets du brocoli. Faire cuire dans de l'eau bouillante le brocoli pendant 7 minutes et le rincer immédiatement à l'eau très froide pendant 2 minutes.
- Dérouler la pâte et la couper en 12 parts égales. Sur un papier sulfurisé, déposer les parts de pâte dans l'autre sens, de manière à ce que les parties les plus larges du triangle se trouvent au centre de la couronne. Il faut obtenir une étoile.
- Déposer les bouquets de brocoli sur la pâte au plus près du centre de la couronne. Saupoudrer de cheddar râpé.
- Recouvrir de bacon. Replier les pointes des triangles de pâte vers l'intérieur. À l'aide d'un pinceau alimentaire, dorer au jaune d'œuf la pâte. Enfourner pendant 20 minutes à 210 °C.
- Déguster tiède ou chaud.

Couronne façon ratatouille

PRÉPARATION 10 MIN | CUISSON 20 MIN

POUR 6 PERSONNES

1 pâte feuilletée
150 g de sauce tomate
1 courgette
1 aubergine
18 billes de mozzarella
1 oignon
10 tomates cerises
½ poivron vert
½ poivron jaune
1 jaune d'œuf

RECETTE

- Dérouler la pâte sur du papier sulfurisé.
- Découper 8 parts au centre de la pâte en prenant garde de laisser 9-10 centimètres sans découpe. Sur la bande intacte : étaler la sauce tomate. Parsemer de dés de courgettes et d'aubergine.
- Disposer des tomates cerises coupées en deux. Ajouter les poivrons émincés et épépinés.
- Rabattre les pointes des parts vers l'extérieur, au-dessus de la garniture.
- À l'aide d'un pinceau alimentaire, dorer au jaune d'œuf.
- Enfourner 20 minutes à 210 °C.
- Déguster chaud ou tiède.

Couronne poulet curry

PRÉPARATION 15 MIN | CUISSON 20 MIN

POUR 6 PERSONNES

2 pâtes feuilletées
2 blancs de poulet
1 petit pot de crème fraîche
1 cuillerée à soupe de curry
2 tomates
3-4 brins de ciboulette
2 jaunes d'œufs

RECETTE

- **Dérouler les pâtes sur du papier sulfurisé. À l'aide d'un bol, découper un disque au centre de chaque pâte et les ôter. À l'aide d'un pinceau alimentaire, dorer au jaune d'œuf l'une des deux couronnes restantes. Tracer à la pointe du couteau le motif voulu. Faire cuire 15 minutes à 210 °C. À la sortie du four, tasser la couronne non dorée à l'aide d'un verre ou d'un rouleau à pâtisserie**
- **Faire bouillir le poulet et l'effilocher. Le faire revenir ensuite dans une poêle avec la crème fraîche et le curry. Une fois à ébullition, ajoutez le jaune d'œuf et bien mélanger. Ajouter la ciboulette ciselée. Déposer uniformément sur la couronne non dorée.**
- **Ajouter des tranches de tomate et recouvrir avec la couronne dorée.**
- **Déguster chaud ou tiède.**

Roue ricotta saumon

PRÉPARATION 10 MIN | CUISSON 20 MIN

POUR 8 PERSONNES

1 pâte à pizza rectangulaire
250 g de ricotta
½ bouquet de persil
4 tranches de saumon fumé
1 jaune d'œuf

RECETTE

- **Dans un récipient, mélanger la ricotta avec le persil émincé. Couper le saumon en lanières de 3 cm de large environ.**
- **Dérouler la pâte et, sur la grande longueur, découper des lanières de 2 cm de large sur la moitié de la pâte.**
- **Déposer une bande de saumon sur toute la longueur de la pâte à 10 cm du haut des entailles environ. Recouvrir avec un boudin du mélange ricotta-persil. Terminer avec le reste de saumon. Recouvrir la garniture avec la pâte et rouler le tout jusqu'aux entailles.**
- **Rabattre les bandes de pâte tout autour du boudin en les espaçant légèrement. Former une couronne, souder les 2 parties grossièrement et cacher la soudure par une bande de pâte. Dorer au jaune d'œuf et enfourner à 210 °C pendant 20 minutes.**
- **Déguster tiède ou chaud.**

Couronne au saint-marcellin

PRÉPARATION 20 MIN | CUISSON 20 MIN

POUR 6 PERSONNES

1 pâte à pizza épaisse
4 tranches de bacon
5 œufs
1 gousse d'ail
6 brins de persil
1 saint-marcellin
1 boule de mozzarella
1 jaune d'œuf

RECETTE

- **Disposer les tranches de bacon sur du papier sulfurisé et les faire cuire au four pendant 10 minutes à 170 °C. Réserver.**
- **Battre les œufs avec la gousse d'ail finement émincée et le persil haché. Faire brouiller les œufs à la poêle. Réserver.**
- **Dérouler la pâte et la couper en 12 parts égales. Sur un papier sulfurisé, déposer les parts de pâte dans l'autre sens de manière que les parties les plus larges du triangle se trouvent au centre de la couronne. Il faut obtenir une étoile.**
- **Au centre, disposer le saint-marcellin. Déposer tout autour les œufs brouillés sur la pâte au plus près du centre de la couronne. Déposer des tranches de mozzarella par-dessus. Recouvrir de bacon. Replier les pointes des triangles de pâte vers l'intérieur. Former une petite boule avec les extrémités. À l'aide d'un pinceau alimentaire, dorer au jaune d'œuf la pâte.**
- **Faire cuire pendant 20 minutes à 210 °C.**

Croque-cake jambon cru courgette

PRÉPARATION 10 MIN | CUISSON 25 MIN | REPOS 15 MIN

POUR 6 PERSONNES

10 tranches de pain de mie sans croûte
1 gousse d'ail
½ bouquet de persil
150 g de fromage frais
1 courgette
3 œufs
250 g de mascarpone
6 tranches de jambon cru

RECETTE

- **Émincer l'ail, ciseler le persil et mélanger ce dernier avec l'ail et le fromage frais. À l'aide d'une mandoline, couper la courgette en fines franches dans le sens de la longueur. Couper ensuite les tranches de pain de mie de la largeur du moule.**
- **Dans un récipient suffisamment grand pour tremper les tranches de pain de mie retaillées, battre les œufs avec le mascarpone. Tremper les tranches de pain de mie au fur et à mesure dans le mélange obtenu.**
- **Dans un plat à cake graissé, placer une couche de pain de mie trempé, étaler par-dessus une fine couche de fromage frais assaisonné. Ajouter des tranches de courgette et 2 tranches de jambon. Continuer le montage ainsi jusqu'en haut du moule. Terminer par du pain de mie.**
- **Enfourner 25 minutes à 180 °C. À la sortie du four, laisser refroidir 15 minutes afin de démouler. Cette étape est cruciale si vous voulez éviter les mauvaises surprises.**
- **Déguster tiède ou chaud.**

Cake aux fines herbes

PRÉPARATION 10 MIN | CUISSON 30 MIN

POUR 6 PERSONNES

1,2 kg de pommes de terre
½ bouquet de ciboulette
½ bouquet de persil
40 cl de crème fraîche épaisse
10 cl de lait
3 œufs
100 g d'emmental râpé

RECETTE

- **Préchauffer le four à 180 °C. Graisser un moule à cake. Couper les pommes de terre en fines tranches et les essuyer sur du papier absorbant.**
- **Mélanger la crème, le lait et les œufs battus. Ajouter les herbes dans la préparation. Mélanger le tout aux pommes de terre.**
- **Verser le tout dans le moule à cake, saupoudrer avec de l'emmental râpé.**
- **Faire cuire 30 minutes au four. Laisser tiédir avant de démouler.**
- **On peut ajouter du jambon ou du thon dans ce cake.**

Cake surprise

PRÉPARATION 10 MIN | CUISSON 10 MIN + 45 MIN

POUR 4 PERSONNES

½ chou-fleur
½ oignon rouge
150 g de farine
1 sachet de levure chimique
150 g de comté râpé
1 cuillerée à soupe de romarin
1 cuillerée à soupe de graines de sésame
1 cuillerée à café de curry
1 cuillerée à café de curcuma
3 œufs
12 cl de lait
10 cl d'huile d'olive

RECETTE

- **Détacher les bouquets du chou-fleur, les nettoyer. Dans une cocotte, placer les bouquets de chou-fleur avec 4 cm d'eau et refermer. Faire cuire à feu moyen 10 minutes (vous pouvez aussi faire cuire au micro-ondes, dans un récipient adapté, avec 13 cl d'eau pendant 6 minutes). Ils doivent être tendres. Réserver.**
- **Émincer l'oignon rouge. Dans un récipient, mélanger la farine, la levure, le comté, l'oignon émincé, le romarin, le sésame et les autres épices. Ajouter les œufs et les autres liquides progressivement jusqu'à l'obtention d'un mélange homogène.**
- **Verser l'appareil dans un plat à cake graissé. Planter les bouquets de chou-fleur sur toute la longueur du cake et enfourner pendant 45 minutes environ à 180 °C.**
- **Laisser refroidir avant de démouler et déguster.**

Gâteau de chou-fleur

PRÉPARATION 10 MIN | CUISSON 18 MIN + 40 MIN

POUR 6 PERSONNES

1 gros chou-fleur
40 g de beurre
20 g de farine
200 g de crème fraîche
1 pincée de muscade râpée
4 œufs
120 g d'emmental râpé
Sel, poivre du moulin

RECETTE

- Détacher les bouquets du chou-fleur, bien les nettoyer. Dans une cocotte, placer les bouquets de chou-fleur avec 4 cm d'eau et refermer. Faire cuire à feu moyen 18 minutes (vous pouvez aussi faire cuire au micro-ondes, dans un récipient adapté, avec 13 cl d'eau pendant 8 minutes). Ils doivent être tendres.
- Pendant ce temps, faire fondre le beurre dans une casserole, ajouter la farine petit à petit en mélangeant bien. Ajouter la crème fraîche. Faire monter la température de la préparation jusqu'à la quasi-ébullition. Retirer du feu. Assaisonner et ajouter la muscade.
- Battre les œufs et les incorporer à la préparation. Récupérer les bouquets de chou-fleur égouttés et les incorporer à leur tour. Ajouter l'emmental et placer le tout sur une plaque couverte de papier cuisson.
- Enfourner pendant 40 minutes à 190 °C.
- Vous pouvez également ajouter des morceaux de jambon ou de poisson à ce gâteau.

HAND MADE
IN SHEFFIELD

Tarte damier jambon béchamel

PRÉPARATION 10 MIN | CUISSON 20 MIN

POUR 4 PERSONNES

1 pâte feuilletée rectangulaire
6 tranches de cheddar
3 tranches de jambon
10 cl de béchamel
75 g de mozzarella râpée
1 jaune d'œuf

RECETTE

- Dérouler la pâte feuilletée, la couper en deux sur le milieu le plus long. Réserver une moitié au congélateur.
- Déposer la béchamel sur la seconde moitié en laissant 2 centimètres libres sur les contours. Ajouter la mozzarella râpée et réserver au frais.
- Couper le cheddar et le jambon en bandes. Pour le jambon, couper les bandes de manière à ce qu'elles soient les plus longues possibles.
- Récupérer la première moitié et placer le plus grand côté du rectangle horizontalement sur du papier sulfurisé. Couper des bandes horizontales de 2 centimètres de largeur en laissant 2 centimètres à gauche sans découpe. Replier une bande sur deux vers la gauche. Placer une bande de jambon verticalement, le plus près possible des plis de pâte. Rabattre les bandes du côté gauche vers la droite et celle de droite vers la gauche. Placer une bande de cheddar le plus près possible des plis de la pâte et reprendre le tissage en rabattant en alternant les bandes de pâte de chaque côté. Penser à bien alterner les bandes de jambon et de cheddar. Une fois le tissage terminé, déplacer délicatement celui-ci sur l'autre pâte. Souder les bords en appuyant légèrement sur les contours. Découper les excédents.
- Dorer au pinceau les carrés de pâte feuilletée et enfourner 20 minutes à 210 °C.
- Déguster chaud ou tiède.

Tarte Tatin au camembert

PRÉPARATION 15 MIN | CUISSON 20 MIN

POUR 6 PERSONNES

1 pâte feuilletée
4 pommes
100 g de beurre
5-6 brins de persil
1 camembert

RECETTE

- **Éplucher les pommes et les couper en quartiers. Les faire cuire dans le beurre fondu à la poêle une dizaine de minutes en remuant régulièrement pour les faire caraméliser. Laisser tiédir. Pendant ce temps, couper le camembert en lamelles d'un centimètre d'épaisseur et réserver.**
- **Dans un moule à manqué de 23 centimètres de diamètre préalablement graissé, disposer les pommes en rosace. Saupoudrer de persil haché. Disposer ensuite les tranches de camembert, puis recouvrir avec une pâte feuilletée en prenant soin d'enfoncer la pâte sur tous les contours du moule. Enfourner 20 minutes à 210 °C.**
- **Déguster tiède ou chaud.**

Tartiflette à partager

PRÉPARATION 10 MIN | CUISSON 25 MIN

POUR 8 PERSONNES

4 pommes de terre moyennes
1 oignon
150 g de lardons
½ reblochon
200 g de crème fraîche

RECETTE

- **Couper les pommes de terre en deux dans le sens de la longueur, les creuser à la boule parisienne en faisant attention de ne pas percer la peau.**
- **Faire revenir les lardons avec les oignons émincés. Lorsque l'ensemble est bien doré, disposer le tout dans les pommes de terre. Recouvrir avec une cuillerée à soupe de crème fraîche et un morceau généreux de reblochon.**
- **Enfourner 25 minutes à 180 °C.**

Planté de bâtons !

PRÉPARATION 5 MIN | CUISSON 10 MIN

POUR 4 PERSONNES

1 boule de campagne
200 g de beaufort
200 g de comté
200 g d'emmental
20 cl de vin blanc sec
1 cuillerée à café de noix de muscade
1 gousse d'ail (facultatif)

RECETTE

- **Dans une casserole, mettre tous les ingrédients sauf le pain et faire fondre à feu doux. Remuer régulièrement en faisant attention à ce que le fond n'accroche pas.**
- **Découper le haut du pain, creuser l'intérieur et couper la mie de pain enlevée en croûtons.**
- **Une fois que tous les fromages sont fondus et que le mélange est homogène, remplir le pain avec.**
- **Il ne reste plus qu'à se servir, sans oublier les gages pour ceux qui font tomber leur pain dans le mélange au fromage !**

Mont d'Or aux pommes cuites à l'armagnac

PRÉPARATION 10 MIN | CUISSON 35 MIN

POUR 3 PERSONNES

2 pommes golden
50 g de beurre
1 cuillerée à soupe de sucre roux
1 mont d'Or
3 cl d'armagnac

RECETTE

- Peler et couper les pommes en quartiers. Ôter les cœurs.
- Dans une poêle bien chaude, faire fondre le beurre, ajouter les pommes et saupoudrer de sucre. Laisser caraméliser en remuant régulièrement pendant 5 à 10 minutes.
- Préchauffer le four à 190 °C.
- Retirer la croûte du mont d'Or et verser l'armagnac dedans. Déposer les pommes caramélisées et enfourner 25 minutes.

Wedges à tremper

PRÉPARATION 8 MIN | CUISSON 25 MIN

POUR 4 PERSONNES

6 pommes de terre moyennes
5 cl d'huile d'olive
50 g de parmesan
1 cuillerée à soupe d'herbes de Provence
1 cuillerée à soupe d'ail en poudre
1 camembert

RECETTE

- **Laver les pommes de terre, sans les éplucher. Couper les pommes de terre en 6 ou en 8 de manière à obtenir de grosses frites.**
- **Dans un récipient, mélanger tous les ingrédients (sauf le camembert) et tremper les morceaux de pomme de terre de manière à ce qu'ils soient bien recouverts.**
- **Déposer le tout sur une plaque recouverte de papier cuisson et enfourner 10 minutes à 200 °C.**
- **Retourner les pommes de terre, disposer le camembert dans sa boîte et poursuivre la cuisson 15 minutes à 180 °C.**
- **Il ne reste plus qu'à vous régaler !**

Cancoillotte et frites apéro

PRÉPARATION 10 MIN | CUISSON 25 MIN

POUR 6 PERSONNES

1 pot de cancoillotte
1 cuillerée à soupe de mélange d'herbes méditerranéennes
2 courgettes
2 petites patates douces ou 1 grosse
10 cl d'huile d'olive
50 g de parmesan
1 cuillerée à soupe de romarin

RECETTE

- **Préchauffer le four à 190 °C.**
- **Saupoudrer la cancoillotte d'un peu d'herbes méditerranéennes.**
- **Couper les légumes en bâtonnets et les réserver dans deux récipients différents. Ajouter dans chaque récipient la moitié de l'huile d'olive et la moitié du parmesan. Dans le récipient des courgettes, ajouter le romarin et bien mélanger. Dans le récipient des patates douces, ajouter le reste d'herbes méditerranéennes et bien mélanger.**
- **Disposer tous les bâtonnets sur du papier cuisson et faire cuire au four pendant 25 minutes. Servir avec la cancoillotte.**

L'asperge frileuse

PRÉPARATION 10 MIN | CUISSON 25 MIN

POUR 6 PERSONNES

12 asperges
1 pâte feuilletée rectangulaire
1 jaune d'œuf
50 g de noix de cajou non salées
10 cl d'huile d'olive
1 camembert

RECETTE

- **Préchauffer le four à 200 °C. Nettoyer les asperges, couper les pieds.**
- **Dérouler la pâte feuilletée et découper 12 bandes égales. Rouler chaque bande autour de la moitié de chaque asperge. Dorer au jaune d'œuf à l'aide d'un pinceau alimentaire. Saupoudrer d'éclats de noix de cajou. À l'aide d'un pinceau, huiler les parties visibles de l'asperge.**
- **Sur une feuille de papier cuisson, placer le camembert dans sa boîte en bois, ôter la croûte et disposer des noix de cajou entières. Disposer les asperges autour. Enfourner 20 minutes. Déguster chaud.**

Sapins au mont d'Or

PRÉPARATION 5 MIN | CUISSON 20 MIN

POUR 9 SAPINS

2 pâtes feuilletées
150 g de caviar de tomates
1 mont d'Or
1 cuillerée à soupe d'herbes de Provence

RECETTE

- **Dérouler une pâte feuilletée et étaler le caviar de tomates en préservant un contour de 1 cm tout autour.**
- **Recouvrir de la seconde pâte et souder les bords. Découper des bandes de 2 cm de large et les plier plusieurs fois en diminuant à chaque pli la largeur afin de former un sapin.**
- **Piquer le sapin sur une pique à brochette. Saupoudrer d'herbes de Provence.**
- **Faire cuire 20 minutes en ajoutant dans le four le mont d'Or dans sa caissette en bois. Servir immédiatement.**

L'Inde en Normandie

PRÉPARATION 20 MIN | CUISSON 40 MIN

POUR 4 PERSONNES

1 camembert
4 grosses pommes de terre
2 blancs de poireaux
1 cuillerée à café de mélange d'épices indiennes
1 gousse d'ail
½ bouquet de coriandre
80 g de petits pois
100 g de Maïzena®
1 cuillerée à soupe d'huile d'olive

RECETTE

- **Faire cuire les pommes de terre épluchées 20 minutes environ dans de l'eau bouillante salée.**
- **Pendant ce temps, émincer les poireaux et les faire revenir à la poêle, avec l'huile d'olive, l'ail émincé et les épices indiennes.**
- **Quand les poireaux commencent à colorer, stopper la cuisson.**
- **Enfourner le camembert dans sa boîte en bois 15 minutes à 180 °C.**
- **Écraser les pommes de terre à la fourchette, ajouter les poireaux, la coriandre finement hachée et la Maïzena®.**
- **Une fois le mélange homogène, faire cuire une grosse cuillerée à soupe du mélange dans une poêle bien chaude. Lorsqu'une belle coloration apparaît de chaque côté, disposer sur du papier absorbant.**
- **Déguster en trempant les beignets dans le camembert fondu.**

Samossas

PRÉPARATION 15 MIN | CUISSON 25 MIN

POUR 6 PERSONNES

1 petit chou-fleur
1 oignon
1 gousse d'ail
½ bouquet de persil
3 œufs
8 feuilles de brick
1 camembert

RECETTE

- Dans une cocotte, placer le chou-fleur entier (sans les feuilles) avec 4 cm d'eau et refermer. Faire cuire à feu moyen 10 minutes (vous pouvez aussi faire cuire au micro-ondes, dans un récipient adapté, avec 13 cl d'eau pendant 6 minutes). Le chou-fleur ne doit pas être trop mou.
- Peler et émincer l'oignon et l'ail.
- Mixer les bouquets de chou-fleur.
- Mélanger ensemble l'oignon, l'ail, le chou-fleur mixé, le persil ciselé et 1 œuf. Réserver.
- Couper les feuilles de brick en deux au centre, rabattre la partie arrondie au niveau de la découpe.
- Disposer sur la partie gauche la garniture, et commencer le pliage pour samossas. Rabattre le bout de feuille de brick tout à gauche sur la garniture et continuer de rabattre la garniture sur elle-même.
- Quand il ne reste qu'un petit morceau de feuille, l'insérer dans le pli formé par le pliage.
- Battre les 2 œufs restants dans un bol puis badigeonner les samossas sur les deux faces. Sur une plaque de cuisson recouverte de papier sulfurisé, disposer les samossas autour d'un camembert (resté dans sa boîte en bois mais sans les autres emballages).
- Enfourner pendant 15 minutes à 200 °C.

Rendez-vous à Mexico

PRÉPARATION 10 MIN | CUISSON 35 MIN

POUR 6 PERSONNES

50 g de beurre
3 fajitas
1 mont d'Or
1 oignon
1 poivron vert
1 poivron rouge
2 escalopes de poulet
100 g de sauce tomate
1 cuillerée à soupe de mélange d'épices mexicaines

RECETTE

- **Préchauffer le four à 180 °C. Faire fondre le beurre dans un bol.**
- **À l'aide d'un verre ou d'un emporte-pièce, découper des disques de fajitas. Les tremper dans le beurre et les disposer entre les empreintes d'un moule à muffins retourné. Faire cuire 10 minutes au four.**
- **Enfourner le mont d'Or pour 25 minutes. Pendant ce temps, peler et émincer l'oignon. Épépiner les poivrons et les couper en lanières. Découper des cubes de poulet. Faire revenir à la poêle, avec la sauce tomate, à feu moyen, pendant 10 à 15 minutes en mélangeant régulièrement.**
- **Garnir les fajitas de ce mélange et servir avec le mont d'Or parsemé d'épices mexicaines.**

Mont d'Or perdu

PRÉPARATION 20 MIN | CUISSON 20 MIN

POUR 6 PERSONNES

1 mont d'Or
4 oignons
90 g de beurre
3 œufs
20 cl de lait
1 cuillerée à soupe d'herbes de Provence
12 tranches de pain de mie

- **Faire chauffer le mont d'Or au four à 180 °C pendant 20 minutes. Pendant ce temps, émincer les oignons et les faire caraméliser avec un peu de beurre.**
- **Dans un récipient, battre les œufs avec le lait et les herbes de Provence.**
- **À l'aide d'un rouleau à pâtisserie, écraser les tranches de pain de mie.**
- **Disposer les oignons caramélisés sur un tiers de la tranche de pain de mie et rouler serré. Tremper les rouleaux de pain de mie dans le mélange à base d'œufs. Les faire cuire avec le reste de beurre dans une poêle jusqu'à ce qu'ils soient bien dorés.**
- **Sortir le mont d'Or du four et servir avec les sticks de pain perdu.**

Camembert & sablés miel romarin

PRÉPARATION 20 MIN | CUISSON 15 MIN
RÉFRIGÉRATION 30 MIN

POUR 4 PERSONNES

Sablés
150 g de farine
90 g de beurre mou
100 g de parmesan
1 pincée de fleur de sel
1 œuf
2 cuillerées à café de romarin

Camembert
1 camembert
2 cuillerées à soupe de miel
1 cuillerée à soupe rase de thym ou 1 branche fraîche

RECETTE

- **Préparer les sablés. Mélanger la farine, le beurre, le parmesan et la fleur de sel jusqu'à obtenir une pâte homogène et sableuse. Ajouter l'œuf et le romarin. Malaxer et former un boudin. Envelopper la pâte de film alimentaire. Bien serrer et réserver au frais 30 minutes.**
- **Préchauffer le four à 180 °C. Découper le boudin de pâte en fines tranches de ½ cm environ. Les déposer sur une plaque recouverte de papier sulfurisé.**
- **Retirer la croûte supérieure du camembert. Déposer le miel, le thym et enfourner 15 minutes avec les sablés.**

Roulés au caviar de tomate

PRÉPARATION 10 MIN | CUISSON 20 MIN

POUR 8 PERSONNES

2 pâtes à pizza
100 g de caviar de tomate
1 camembert
1 jaune d'œuf

RECETTE

- Dérouler les pâtes et, à l'aide d'une tasse à café, découper un maximum de disques.
- Entailler chacun des disques sur l'équivalent d'un rayon du cercle et étaler le caviar de tomate sur la moitié droite du disque. Rouler le cercle sur lui-même de la droite vers la gauche afin de former de petites corolles.
- Dans un plat à tarte recouvert de papier sulfurisé, placer un camembert dans sa boîte en bois et disposer tout autour les petites corolles. Recommencer autant que nécessaire.
- Dorer au jaune d'œuf et enfourner 20 minutes à 210 °C.
- Déguster chaud.

Nid de camembert

PRÉPARATION 5 MIN | CUISSON 20 MIN

POUR 4 PERSONNES

1 pâte à pizza
1 œuf
1 camembert
150 g de lardons
1 jaune d'œuf
2 brins de persil ciselés

RECETTE

- **Creuser légèrement le centre d'un camembert sur un diamètre équivalent à une tasse à café. Verser 1 œuf dans le creux.**
- **Disposer le camembert garni au centre d'une pâte à pizza déroulée. Disposer les lardons autour du camembert tout en en gardant une petite poignée.**
- **Rouler la pâte autour du camembert en enfermant les lardons. Dorer au jaune d'œuf la pâte et parsemer avec le reste de lardons.**
- **Enfourner pendant 20 minutes à 210 °C. À la sortie du four, parsemer de persil ciselé.**
- **Déguster chaud ou tiède.**

Couronne au mont d'Or

PRÉPARATION 10 MIN | CUISSON 20 MIN

POUR 6 PERSONNES

2 pâtes à pizza
1 saucisson à l'ail
1 mont d'Or
1 jaune d'œuf

RECETTE

- **Découper, à l'aide d'une tasse à café, un maximum de disques dans les pâtes. Couper des tranches de 1 cm d'épaisseur de saucisson à l'ail et les diviser en 4. Enfermer chaque quart dans un disque de pâte.**
- **Sur une plaque recouverte de papier sulfurisé, déposer un mont d'Or et déposer tout autour les boules de saucisson à l'ail. Dorer au jaune d'œuf.**
- **Enfourner à 210 °C pendant 20 minutes.**
- **Déguster tiède ou chaud.**

Couronne de pain perdu

PRÉPARATION 10 MIN | CUISSON 20 MIN

POUR 8 PERSONNES

250 g de restes de pain
3 œufs
20 cl de lait
½ bouquet de persil
½ oignon
150 g de lardons
3 tranches de jambon blanc
1 camembert

RECETTE

- Dans un récipient, battre les œufs avec le lait.
- Ajouter le persil ciselé et l'oignon émincé ainsi que les lardons et le jambon coupé en petits morceaux.
- Ajouter le pain coupé en dés et bien mélanger le tout.
- Dans un moule à charnière graissé, disposer le camembert au centre dans sa boîte en bois mais sans les autres emballages. Répartir tout autour le mélange de pain perdu.
- Enfourner 20 minutes à 210 °C. Déguster chaud.

Plongée tartiflette

PRÉPARATION 5 MIN | CUISSON 20 MIN

POUR 4 PERSONNES

1 baguette
2 oignons
4 pommes de terre cuites
20 cl de crème fraîche
75 g de lardons
1 reblochon entier

RECETTE

- **Émincer les oignons et les faire revenir dans un peu de matière grasse. Réserver.**
- **Couper la baguette en 12 morceaux. Tasser la mie afin de former un ramequin avec chacun des morceaux.**
- **Garnir avec des cubes de pomme de terre cuite, 1 cuillerée à soupe de crème fraîche, 1 cuillerée à café d'oignons. Recouvrir avec des lardons.**
- **Placer les morceaux de pain autour d'un reblochon sur une plaque allant au four recouverte de papier sulfurisé.**
- **Enfourner 20 minutes à 180 °C. Déguster chaud ou tiède.**

Meatballs à tremper

PRÉPARATION 15 MIN | CUISSON 25 MIN

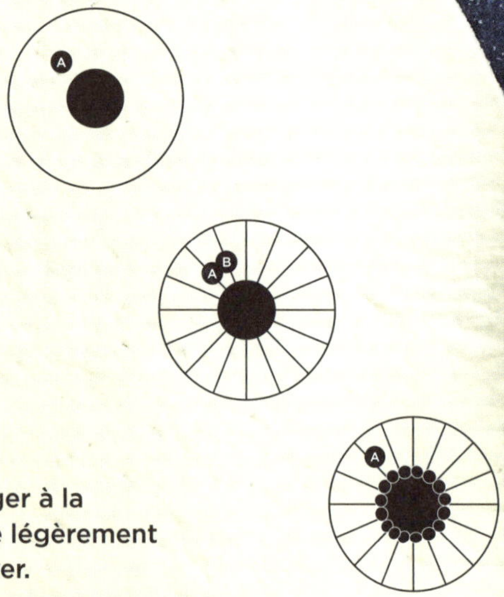

POUR 8 PERSONNES

200 g de chair à saucisse
7 brins de persil
½ oignon
1 camembert
2 pâtes feuilletées
1 cuillerée à soupe de graines de sésame
1 jaune d'œuf

RECETTE

- **Émincer l'oignon et le persil et les mélanger à la viande. Former des boulettes au diamètre légèrement inférieur à celui d'une pièce de 1€. Réserver.**
- **Dérouler une pâte feuilletée et déposer au centre un camembert.**
- **Déposer 4 larges bandes de papier sulfurisé sur la pâte autour du camembert. Recouvrir le tout d'une seconde pâte en recouvrant et épousant bien la forme du camembert.**
- **Découper ensuite la pâte en 16 parts égales. Mettre une boulette de viande au milieu de chaque extrémité des parts et les enrouler de manière à les ramener recouvertes vers le camembert.**
- **Retirer les feuilles de papier sulfurisé et répéter l'opération avec la pâte du dessous. Pour un meilleur rendu, décaler les découpes d'une demi-part.**
- **À l'aide d'un pinceau à pâtisserie, dorer au jaune d'œuf le tout. Parsemer de graines de sésame. Enfourner pendant 25 minutes à 210 °C.**

Tarte pétale aux oignons confits

PRÉPARATION 20 MIN | CUISSON 25 MIN

POUR 6 PERSONNES

3 pâtes feuilletées
6 oignons
20 g de sucre
1 camembert
1 jaune d'œuf

RECETTE

- **Émincer les oignons et les faire caraméliser avec le sucre à la poêle. Laisser tiédir.**
- **À l'aide d'un verre, découper un maximum de disques par pâte.**
- **Déposer une cuillerée à café d'oignons caramélisés sur chaque disque. Plier les disques en deux, puis les plier une seconde fois afin que les deux parties les plus fines se touchent.**
- **Replier légèrement les bords afin de former le pétale.**
- **Placer un camembert déballé dans un étui en bois au centre d'un moule à tarte ou d'un moule à charnière. Disposer les pétales tout autour du camembert.**
- **À l'aide d'un pinceau alimentaire, dorer au jaune d'œuf toutes les parties visibles de la pâte. Enfourner 25 minutes à 210 °C.**
- **Déguster tiède ou chaud.**

Tarte fondue pommes de terre

PRÉPARATION 20 MIN | CUISSON 45 MIN

POUR 6 PERSONNES

1 kg de pommes de terre
2 pâtes feuilletées
1 mont d'Or
1 jaune d'œuf
7 ou 8 brins de persil
4 tranches de jambon cru
Sel

RECETTE

- Éplucher les pommes de terre et les faire cuire dans de l'eau bouillante salée pendant 20 minutes environ. À l'aide d'une fourchette, réaliser un écrasé de pommes de terre.
- Préchauffer le four à 210 °C. Dérouler une pâte sur son papier cuisson. Disposer une couronne d'écrasé de pommes de terre en laissant un disque de 17 cm au centre et 2 cm sur les contours extérieurs. Recouvrir avec la seconde pâte et bien souder partout où il n'y a pas de purée. Rabattre les contours extérieurs en un petit boudin tout autour. Placer le mont d'Or au centre.
- Couper 16 parts de pâte et les tourner d'un quart de tour. Si l'opération s'avère difficile, placer la tarte 15 minutes au congélateur et réessayer.
- À l'aide d'un pinceau alimentaire, dorer au jaune d'œuf les parties de pâte les plus visibles. Enfourner 25 minutes.
- À la sortie du four, parsemer de persil ciselé et disposer sur la moitié des parts ½ tranche de jambon. Déguster chaud.

Couronne de saucisses

PRÉPARATION 15 MINUTES | CUISSON 30 MINUTES

POUR 6 PERSONNES

3 pâtes feuilletées
1 mont d'Or
12 saucisses
1 jaune d'œuf

RECETTE

- **Préchauffer le four à 210 °C.**
- **Dérouler les pâtes feuilletées et rouler les saucisses afin qu'elles soient entièrement recouvertes de pâte.**
- **Couper chaque saucisse en 5 parties égales et les disposer à la verticale autour du mont d'Or dans un moule à charnière. Dorer avec du jaune d'œuf.**
- **Enfourner 30 minutes en recouvrant de papier d'aluminium les 15 premières minutes. Déguster chaud.**

Je t'aime, un peu beaucoup, à la folie

PRÉPARATION 30 MIN | CUISSON 25 MIN

POUR 10 PERSONNES

2 pâtes feuilletées
500 g de patates douces
2 gousses d'ail
6-7 brins de persil
1 mont d'Or
20 noisettes
4 tranches de jambon cru
1 jaune d'œuf

RECETTE

- **Éplucher et couper en dés la patate douce. La faire cuire 20 minutes à l'eau bouillante. L'égoutter et la mixer avec les deux gousses d'ail épluchées et le persil.**
- **Dérouler une pâte sur du papier sulfurisé, disposer une couronne de purée de patates douces. Attention, il faut laisser 15 cm de place au milieu et 2 cm sur les contours extérieurs.**
- **Recouvrir avec une seconde pâte feuilletée et bien souder partout où il n'y a pas de purée. Rabattre les contours extérieurs en un petit boudin tout autour. Placer le mont d'Or au centre.**
- **Découper 16 parts et les tourner d'un quart de tour. Si vous n'y arrivez pas, placer la tarte 15 minutes au congélateur et réessayer. Déposer des noisettes concassées sur une part sur deux.**
- **À l'aide d'un pinceau alimentaire, dorer au jaune d'œuf la pâte. Enfourner 25 minutes à 210 °C.**
- **À la sortie du four, déposer une demi-tranche de jambon cru sur chaque part qui n'a pas de noisettes.**
- **Déguster tiède ou chaud.**

Tarte coup de soleil

PRÉPARATION 5 MIN | CUISSON 20 MIN

POUR 8 PERSONNES

2 pâtes feuilletées
4 tranches de jambon cru
1 camembert
1 jaune d'œuf

RECETTE

- **Dérouler une pâte feuilletée. Déposer le jambon sur le pourtour de la pâte. Recouvrir avec la seconde pâte feuilletée. Passer un léger coup de rouleau à pâtisserie afin de souder les deux pâtes.**
- **Déposer le camembert dans sa caissette en bois au centre en retirant tous les autres emballages.**
- **Découper 24 parts égales tout autour du camembert et torsader chacune d'entre elles.**
- **Dorer au jaune d'œuf les parties visibles de la pâte et enfourner pendant 20 minutes environ à 210 °C.**

Nems lard et pommes de terre

PRÉPARATION 20 MIN | CUISSON 25 MIN

POUR 6 PERSONNES

6 feuilles de brick
500 g de pommes de terre
6 tranches de poitrine fumée
120 g de crème fraîche épaisse
Poivre du moulin
3 œufs
1 mont d'Or

RECETTE

- **Couper les feuilles de brick en deux au centre.**
- **Déposer des tranches de pomme de terre déjà cuites, recouvrir d'une ½ tranche de poitrine fumée. Déposer une cuillerée à café de crème fraîche et faire un tour de moulin de poivre par-dessus.**
- **Replier les deux pointes de la feuille de brick sur la garniture. Rouler le tout bien serré.**
- **Préchauffer le four à 180 °C.**
- **Battre les œufs et les déposer dans un bol. Tremper les nems dedans et les disposer sur une plaque de cuisson recouverte de papier sulfurisé.**
- **Placer les nems autour du mont d'Or et enfourner 25 minutes.**

Laisse les gondoles à Venise

PRÉPARATION 10 MIN | CUISSON 25 MIN

POUR 6 PERSONNES

500 g de champignons de Paris
1 gousse d'ail
7 ou 8 brins de persil
1 filet d'huile d'olive
1 pâte à pizza rectangulaire
1 camembert

RECETTE

- **Préchauffer le four à 210 °C.**
- **Nettoyer et émincer les champignons. Les faire revenir à la poêle avec un filet d'huile d'olive, l'ail et le persil ciselé. Faire cuire 5 minutes environ à feu moyen. Stopper la cuisson et réserver.**
- **Dérouler la pâte à pizza puis la découper en 18 rectangles égaux. Rouler les côtés les plus longs afin de former une bordure, puis souder les extrémités ensemble afin de former de petites gondoles. Garnir de champignons.**
- **Sur une feuille de papier cuisson, placer le camembert dans sa boîte en bois et disposer les gondoles autour.**
- **Enfourner 15 minutes. À la sortie du four, parsemer de persil ciselé. Déguster chaud.**

Les sucrés

Cœurs citron

PRÉPARATION 20 MIN | CUISSON 15 MIN

POUR 10 CŒURS

2 pâtes feuilletées
4 citrons
150 g de sucre roux
1 cuillerée à soupe de Maïzena®
50 g de beurre
3 œufs
1 jaune d'œuf
1 cuillerée à soupe de graines de pavot

RECETTE

- **Dérouler la pâte sur du papier sulfurisé. À l'aide d'un emporte-pièce ou d'un morceau de carton taillé à la bonne forme, découper 20 cœurs dans les pâtes. Évider la moitié d'entre eux pour ne leur laisser qu'1 cm de contour.**
- **Assembler un contour cœur sur un cœur plein. À l'aide d'un pinceau alimentaire, dorer au jaune d'œuf et enfourner pendant 15 minutes à 210 °C.**
- **Laver les citrons et en zester la moitié. Mettre les zestes (très fins) dans une casserole. Presser le jus des citrons et l'ajouter dans la casserole. Verser le sucre, la maïzena et le beurre. Porter à ébullition.**
- **Hors du feu, incorporer les œufs battus au mélange.**
- **Remettre la casserole à feu moyen et à l'aide d'un fouet, ne pas cesser de remuer jusqu'à l'obtention d'un mélange épais et l'apparition des premières bulles.**
- **Appuyer à l'intérieur des cœurs afin de faire redescendre la pâte et garnir avec la crème citron. Parsemer de graines de pavot.**
- **Servir tiède ou chaud.**

Flower Lemon

PRÉPARATION 15 MIN | CUISSON 20 MIN

POUR 6 PERSONNES

1 pâte à pizza
2 citrons
25 g de beurre
75 g de sucre roux
2 œufs
1 cuillerée à café de Maïzena®
2 cuillerées à soupe de sucre glace

RECETTE

- **Dérouler la pâte et à l'aide d'un verre, découper 6 disques. Découper des pétales sur tout le contour et les placer dans un moule à muffins. Enfourner pendant 10 minutes à 210 °C.**
- **Pendant ce temps, récupérer le zeste des citrons, puis le jus. Placer le tout dans une casserole avec le beurre et le sucre, puis porter à ébullition. Hors du feu, ajouter les œufs et la Maïzena®. Rendre le mélange homogène et porter à ébullition sans cesser de mélanger. La crème doit épaissir.**
- **Saupoudrer les fleurs en pâte de sucre glace et les garnir avec la crème. Laisser reposer au minimum 30 minutes.**
- **Déguster tiède ou froid.**

Palmiers cannelle

PRÉPARATION 5 MIN | CUISSON 20 MIN

POUR UNE VINGTAINE DE BISCUITS

2 pâtes feuilletées
50 g de beurre mou
80 g de sucre
1 cuillerée à soupe de cannelle

RECETTE

- **Dérouler la pâte feuilletée. Étaler uniformément le beurre en laissant un contour libre de 1 cm.**
- **Saupoudrer le sucre et la cannelle. Recouvrir avec la seconde pâte feuilletée.**
- **Enrouler en serrant bien la partie droite de la pâte vers le centre, puis la partie gauche vers le centre.**
- **Couper des parts de 2 cm et les déposer sur une plaque antiadhésive allant au four. Enfourner pendant 20 minutes environ à 210 °C pour obtenir une jolie couleur.**

Sticks kouign-amann

PRÉPARATION 10 MIN | REPOS 10 MIN | CUISSON 30 MIN

POUR 8 PERSONNES

2 pâtes à pizza rectangulaires
250 g de beurre doux mou
100 g de sucre

RECETTE

- Dérouler une des pâtes. Étaler les trois quarts du beurre sur la pâte en laissant un contour de 3 cm de chaque côté. Saupoudrer avec les trois quarts du sucre. Déposer la seconde pâte sur la première et bien souder les bords.
- Déposer le reste de beurre, le reste de sucre sur la moitié en laissant un contour de 3 cm sur les côtés. Replier de manière à cacher toute la farce et souder.
- Laisser reposer au congélateur pendant 10 minutes. Appuyer fortement avec un rouleau à pâtisserie et découper des bandes de 4 à 5 cm de large puis les torsader.
- Saupoudrer de sucre et enfourner pour 30 minutes à 210 °C.
- Déguster de préférence tiède ou froid.

Barquettes choco-noisette

PRÉPARATION 10 MIN | CUISSON 10 MIN

POUR 6 PIÈCES

1 pâte à pizza rectangulaire
15 noisettes
100 g de chocolat
20 cl de crème liquide

RECETTE

- **Découper 6 rectangles égaux dans une pâte à pizza rectangulaire.**
- **Rouler légèrement la pâte de manière à former deux boudins de chaque côté. Relier les extrémités en les soudant à l'aide de vos doigts.**
- **Disposer les barquettes sur une plaque antiadhésive allant au four. Ajouter les noisettes décortiquées sur la plaque. Enfourner 10 minutes à 210 °C.**
- **Pendant ce temps, faire fondre le chocolat au micro-ondes pendant 1 minute 30. Mélanger le chocolat toutes les 30 secondes pour éviter qu'il ne brûle. Faire bouillir la crème. Ajouter la crème au chocolat en trois fois, en prenant soin d'obtenir un mélange homogène entre chaque ajout.**
- **À la sortie du four, remplir à la poche à douille ou à la cuillère les barquettes de ganache chocolat. Ajouter des morceaux de noisette et laisser refroidir.**
- **Déguster à température ambiante, 20 minutes au moins après la réalisation des barquettes.**

Moulins à vent

PRÉPARATION 10 MIN | CUISSON 20 MIN

POUR 8 MOULINS

2 pâtes feuilletées
300 g de pâte à tartiner
3 bananes

RECETTE

- Dérouler la pâte sur du papier sulfurisé. Découper le plus grand carré possible et le diviser en 4 carrés égaux. Renouveler l'opération sur la seconde pâte.
- Étaler généreusement de la pâte à tartiner sur chaque carré en laissant un contour de 3 cm de chaque côté.
- Déposer 4 tranches de banane d'environ 1 cm d'épaisseur.
- Entailler chaque carré en partant du coin et en revenant vers le centre. Attraper une pointe extérieure sur deux et la ramener sur le centre de sorte à former un moulin.
- À l'aide d'un pinceau alimentaire, dorer au jaune d'œuf. Enfourner 20 minutes à 210 °C.
- Déguster tiède ou chaud.

Pain perdu (pas pour tout le monde !)

PRÉPARATION 10 MIN | CUISSON 15 MIN

POUR 4 PIÈCES

8 tranches épaisses de pain de mie
3 œufs
20 cl de lait
3 cuillerées à soupe de sucre
200 g de pâte à tartiner
4 bananes

RECETTE

- **Dans un récipient, battre les œufs avec le lait et 2 cuillerées à soupe de sucre.**
- **Superposer 2 tranches de pain de mie. À l'aide de vos doigts, enfoncer le centre afin de former une cavité dans le fond. Tremper l'ensemble dans le mélange œufs-lait-sucre.**
- **Verser un quart de la pâte à tartiner au centre du pain et déposer une banane coupée en deux. Recommencer l'opération pour chacune des pièces.**
- **Saupoudrer avec le sucre restant puis enfourner sur une plaque recouverte de papier sulfurisé pour 15 minutes à 180 °C.**
- **Déguster tiède ou chaud.**

Poires feuilletées au chocolat

PRÉPARATION 10 MIN | CUISSON 20 MIN

POUR 6 POIRES

2 pâtes feuilletées
6 poires
150 g de chocolat noir
1 jaune d'œuf

RECETTE

- Éplucher les poires et retirer le cœur par le dessous de la poire. Dans le trou créé, garnir d'un carré de chocolat.
- Dans l'une des pâtes feuilletées, découper 6 disques de la taille d'un verre. Déposer une poire garnie sur chaque disque et rabattez sur la poire la pâte du disque. Dans la seconde pâte, découper des bandes de 2 cm de largeur.
- Les entourer autour de chacune des poires en les superposant légèrement pour éviter les trous. À l'aide d'un pinceau alimentaire, dorer au jaune d'œuf. Enfourner pendant 20 minutes à 210 °C.
- Déguster tiède ou chaud.

Boules surprises

PRÉPARATION 15 MIN

POUR 12 BOULES

200 g de pain rassis
250 g de mascarpone
100 g de sucre glace
½ café court serré
150 g de caramel au beurre salé
6 cubes de mangue
5 cuillerées à soupe de cacao en poudre non sucré
5 cuillerées à soupe de copeaux de noix de coco

RECETTE

- **Mixer le pain finement puis le mélanger avec le mascarpone et le sucre glace.**
- **Ajouter le café petit à petit. Le mélange ne doit pas être trop collant. S'il devient trop collant, le placer alors 10 minutes au réfrigérateur.**
- **Former des boules d'un diamètre un peu plus grand qu'une pièce de 2€.**
- **Aplatir la boule au maximum et garnir la moitié des boules avec 1 cuillerée de caramel au beurre salé et l'autre moitié avec 1 cube de mangue. Refermer les boules afin de cacher la garniture. Rouler les boules au caramel dans du cacao en poudre et les boules à la mangue dans des copeaux de noix de coco.**
- **Déguster frais.**

Un doigt de gourmandise

PRÉPARATION 10 MIN | REPOS 5 MIN | CUISSON 5 MIN

POUR 8 STICKS

8 tranches de pain de mie
8 barres de chocolat
2 poires
3 œufs
20 cl de lait
50 g de sucre
50 g de beurre

RECETTE

- **Éplucher les poires, ôter les cœurs et les couper en dés.**
- **À l'aide d'un rouleau à pâtisserie, presser les tranches de pain de mie afin qu'elles deviennent bien fines.**
- **Placer sur l'un des côtés 1 barre de chocolat et répartir sur la barre de chocolat des dés de poire.**
- **Rouler le pain de mie autour de la garniture en le serrant bien et le recouvrir de film alimentaire. Laisser reposer 5 minutes au congélateur.**
- **Pendant ce temps, battre les œufs dans un récipient, ajouter le lait et la moitié du sucre. Bien remuer.**
- **Retirer le film des sticks et les tremper dans le mélange obtenu. Rouler dans le reste de sucre.**
- **Faire fondre du beurre dans une poêle chaude et faire revenir 5 minutes chaque stick en le retournant régulièrement.**
- **Servir tiède ou chaud.**

Chaussons trop bons !

PRÉPARATION 5 MIN | CUISSON 18 MIN

POUR 4 CHAUSSONS

1 pâte à pizza
100 g de pâte à tartiner
1 banane
1 jaune d'œuf

RECETTE

- **Dérouler la pâte puis, à l'aide d'un bol, découper 4 disques. Sur chaque disque, déposer une cuillerée à soupe de pâte à tartiner. Recouvrir de 4 fines tranches de banane.**
- **Replier chaque disque en 2 et bien souder les bords. Dorer au jaune d'œuf. Tracer un motif à l'aide de la pointe d'un couteau.**
- **Enfourner pendant 18 minutes à 210 °C.**
- **Déguster tiède ou chaud.**

Chocho marshmallow !

PRÉPARATION 10 MIN | CUISSON 20 MIN

POUR 8 PERSONNES

1 pâte à pizza
1 tablette de chocolat (200 g)
10 marshmallows
1 jaune d'œuf

RECETTE

- **Dérouler la pâte sur du papier sulfurisé. Laisser une bande de 10 cm libre au centre et découper perpendiculairement des bandes de 2 cm de largeur.**
- **Déposer sur la grosse bande de pâte la tablette de chocolat. Répartir uniformément des demi-chamallows.**
- **Rabattre les deux extrémités de la pâte vers l'intérieur en prenant soin de recouvrir toute la hauteur de la garniture. Rabattre les bandes en alternant celles de droite et de gauche afin de former une tresse.**
- **Avec un pinceau alimentaire, étaler le jaune d'œuf. Enfourner pendant 20 minutes environ à 210 °C.**
- **Déguster chaud ou tiède.**

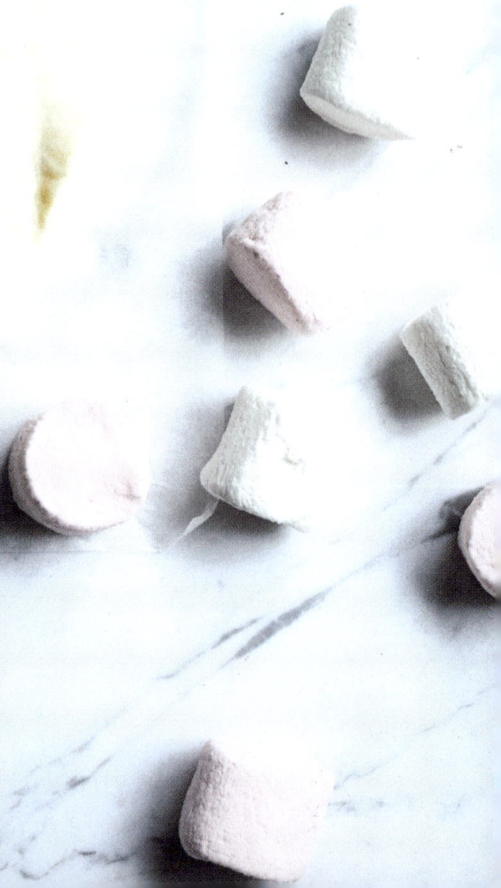

Pains suisses

PRÉPARATION 15 MIN | CUISSON 15 MIN

POUR 6 PERSONNES

1 pâte à pizza
½ l de lait
100 g de sucre
2 + 1 jaunes d'œufs
50 g de farine
30 g de beurre
100 g de pépites de chocolat

RECETTE

- Porter à ébullition le lait avec la moitié du sucre.
- Pendant la montée en température, faire blanchir 2 jaunes d'œufs avec le reste de sucre. Ajouter la farine et délayer avec un peu de lait chaud afin d'avoir un mélange homogène.
- Quand le lait commence à monter, couper le feu et incorporer le mélange précédent. Remettre sur le feu et porter à ébullition sans jamais cesser de mélanger. Dès que les premières bulles apparaissent, stopper la cuisson, ajouter le beurre avant de bien mélanger. Laisser tiédir.
- Découper la pâte en bandes sur une plaque de cuisson antiadhésive. Étaler la crème sur la moitié de chaque bande. Saupoudrer de pépites de chocolat. Refermer. Dorer.
- Enfourner à 210 °C pour 15 minutes. Déguster tiède ou chaud.

Couronne des rois

PRÉPARATION 15 MIN | CUISSON 20 MIN

POUR 12 PERSONNES

2 pâtes feuilletées
100 g de sucre
100 g de beurre pommade
100 g d'amande en poudre
1 zeste de citron
2 œufs
(option : 20 g de Maïzena®)
2 jaunes d'œufs

RECETTE

- Préparer la crème d'amande : mélanger le sucre et le beurre de manière à faire blanchir le beurre, ajouter la poudre d'amande, le zeste de citron. Mélanger. Ajouter les œufs un à un. Si le mélange est trop liquide, ajouter la Maïzena®.
- À l'aide d'un verre, découper 24 disques de pâte. Déposer une cuillerée à café de crème sur chacun des 12 disques de la couronne. Souder par-dessus les 12 autres disques en appuyant fortement à l'aide de vos doigts. À l'aide d'un pinceau alimentaire, dorer au jaune d'œuf. Enfourner 20 minutes à 210 °C.
- Déguster tiède ou chaud.

Couronne aux pralines roses

PRÉPARATION 10 MIN | CUISSON 15 MIN

POUR 6 PERSONNES

1 pâte à pain (chez le boulanger)
125 g de beurre
100 g de sucre
15 pralines roses
1 jaune d'œuf

RECETTE

- À l'aide d'un rouleau à pâtisserie, étaler la pâte en rectangle d'environ 30 x 40 cm. Le couper ensuite en deux pour obtenir 2 longues bandes.
- Garnir chaque bande avec du beurre coupé en dés et la moitié du sucre. Il faut répartir tout le beurre et tout le sucre entre les 2 bandes. Disposer quelques pralines roses (3 à 4 par bande). Refermer les bandes en les pliant et en les soudant pour former des boudins.
- Tresser les deux boudins et les disposer en couronne. Dorer au jaune d'œuf et décorer avec le reste de pralines roses. Il faut bien les enfoncer pour qu'elles ne glissent pas pendant la cuisson.
- Enfourner à 250 °C pendant 15 minutes avec un bol résistant à la chaleur rempli d'eau.
- Déguster tiède ou chaud.

Brioche feuilletée à la cannelle

PRÉPARATION 15 MIN | REPOS 50 MIN | CUISSON 30 MIN

POUR 6 PERSONNES

2 pâtes à pizza rectangulaires
250 g de beurre doux mou
100 g de sucre
5 cuillerées à café de cannelle moulue

RECETTE

- **Dérouler une des pâtes. Étaler les trois quarts du beurre sur la pâte en laissant un contour de 3 cm de chaque côté. Saupoudrer les deux tiers de sucre et de cannelle. Déposer une seconde pâte sur la première et bien souder les bords.**
- **Déposer le reste de beurre, le reste de sucre et de cannelle sur la moitié en laissant un contour de 3 cm sur les côtés. Replier de manière à cacher toute la farce et souder les bords. Laisser reposer au congélateur pendant 10 minutes.**
- **Mettre la soudure sur le côté droit et étaler la pâte sur un plan de travail légèrement fariné. Étaler de manière à obtenir 3 fois la taille initiale. Plier la pâte en 3 et la laisser reposer 10 minutes au congélateur. La tourner d'un quart de tour et recommencer l'opération.**
- **Après le dernier repos, étaler la pâte en un rectangle de la taille d'une plaque allant au four. La couper en 3 de manière à obtenir 3 longues bandes. Les rouler sur elles-mêmes et les diviser en tronçons de 8 à 10 cm.**
- **Déposer les tronçons à plat dans un moule à manqué préalablement graissé et enfourner pendant 30 minutes à 210 °C. Déguster tiède ou chaud.**

Les cocktails

Gin tonic fruité

POUR 4 COCKTAILS

Version classique :
3 cl de gin
12 cl de tonic

Version fruitée :
12 cl de gin
24 bonbons Skittles®
48 cl de tonic
½ citron vert
2 cuillerées à soupe de perles de sucre colorées

RECETTE

- **Dans de petites bouteilles ou récipients, faire infuser les bonbons de chaque couleur avec le gin. Mélanger pour que la coloration aille plus vite.**
- **Tremper le haut de chaque verre dans du jus de citron vert, puis dans les perles de sucre de manière à former une jolie collerette.**
- **Remplir chaque verre avec 3 cl de gin d'une différente couleur et compléter avec le tonic.**
- **Déguster bien frais !**

Granité whisky-cola

POUR 1 COCKTAIL

12 cl de cola
3 cl de whisky

RECETTE

- **Pour la version classique, mélanger tous les ingrédients.**
- **Pour la version granité, remplir des moules à glaçons avec du cola. Laisser congeler 3-4 heures. À l'aide d'un blender, mixer les glaçons, ajouter le whisky et servir aussitôt.**

Star mojito

POUR 1 COCKTAIL

Pour la version classique :
½ citron vert
3 cuillerées à café de sucre roux
7 feuilles de menthe
6 cl de rhum
3 cl d'eau gazeuse
Glaçons

POUR 3 LITRES

Pour la version Star :
8 citrons verts
250 g de sucre roux
1 bouquet de menthe
70 cl de rhum
2 l d'eau gazeuse
15 cl de curaçao
1 cuillerée à soupe
de paillettes alimentaires
Glaçons

RECETTE

- Dans un verre à mojito, déposer le citron coupé en petits morceaux, ajouter les feuilles de menthe, le sucre, et commencer à écraser le tout à l'aide d'un pilon.
- Ajouter le rhum, les glaçons et terminer par l'eau gazeuse.
- Pour la version Star, ajouter le curaçao et les paillettes. Bien mélanger.

Punch fleuri

POUR 30 COCKTAILS

Pour la version classique :
1 l de rhum blanc ou ambré
1 l de jus d'orange
1 l de jus de pamplemousse
1 l de jus d'ananas
50 cl de sucre de canne liquide

Pour la version fleurie :
Reprendre tous les ingrédients, sauf le sucre de canne liquide.
Remplacer par du sirop de coquelicot (ou à défaut de violette).
Et les fleurs comestibles :
60 g de pétales de rose comestibles
50 g de bégonia comestible
40 g de muflier comestible

RECETTE

- **Mélanger tous les ingrédients.**
- **Pour la version fleurie, mettre les fleurs au dernier moment afin qu'elles ne s'abîment pas avant le service.**
- **Il est très important d'acheter des fleurs comestibles chez un primeur, ou de les avoir spécialement cultivées en connaissant les variétés comestibles.**

Piña colada

POUR 1 COCKTAIL

5 cl de rhum blanc
10 cl de jus d'ananas
4 cl de crème de noix de coco
Glaçons

Pour la version dans l'ananas, ajouter :

1 ananas
10 cl de crème fleurette
10 g de sucre glace
1 citron vert

RECETTE

- **Pour la version classique, mélanger tous les ingrédients et servir.**
- **Couper le tiers supérieur de l'ananas. Creuser le fruit à la boule parisienne en faisant attention à ne pas percer la peau. Faire le mélange précédent. En général, on peut mettre l'équivalent de 4 verres dans l'ananas.**
- **Monter la crème fleurette avec le sucre glace pour obtenir une belle chantilly. Mettre le tout dans une poche à douille et disposer au sommet du cocktail.**
- **Disposer des zestes de citron par-dessus et servir aussitôt.**

Spritz et sa bière au spritz

POUR 1 COCKTAIL

Pour la version classique :
7 cl d'Aperol®
7 cl de prosecco
Un trait d'eau pétillante
1 morceau d'orange
Glaçons

Pour la bière au spritz :
7 cl d'Aperol®
25 cl de bière
1 morceau d'orange

RECETTE

- **Pour le spritz classique, déposer les glaçons dans le verre et ajouter tous les autres ingrédients. Décorer avec un morceau d'orange.**
- **Pour la bière au spritz, ajouter l'Aperol®, puis la bière dans le verre. Décorer avec un morceau d'orange.**

Sangria

POUR 8 COCKTAILS

75 cl de vin rouge
25 cl de limonade
10 cl de Cointreau®
50 g de sucre en poudre
1 orange coupée en tranches
1 citron vert coupé en morceaux
1 bâton de cannelle

Pour le bol de glace :
1 orange coupée en tranches
1 citron jaune coupé en tranches
1 cuillerée à soupe de grenade

RECETTE

- **Mélanger tous les ingrédients, sauf la limonade qu'il faut ajouter au dernier moment, juste avant de servir. Ne pas hésiter à préparer à l'avance, 2 heures minimum, pour que la sangria soit meilleure.**
- **Dans un grand saladier, placer les tranches de fruits et les morceaux de grenade.**
- **Pour le bol de glace : disposer un plus petit saladier à l'intérieur et scotchez-les ensemble. Remplir tout doucement avec de l'eau et congeler 12 heures minimum.**
- **Pour démouler, faire couler de l'eau tiède sur le saladier extérieur.**
- **Garder le petit saladier prisonnier de la glace pour éviter toute fuite.**
- **En le retirant, le saladier tient entre 15 et 20 minutes.**
- **Remplir de sangria et servir.**

Bombe vodka pomme

POUR 1 COCKTAIL

10 cl de jus de pomme
3 cl de vodka

Pour la version « bombe », ajouter :
5 bonbons gélifiés bleus

RECETTE

- La veille, faire infuser les bonbons dans la vodka. Si le temps manque, les mixer avec la vodka.
- Remplir les verres à shooter avec le mélange. Déposer le plus grand verre par-dessus et retourner le tout en faisant attention que le verre à shooter plein soit bien plaqué au plus grand verre.
- Remplir le plus grand verre de jus de pomme et laisser vos invités faire exploser la bombe en retirant le verre à shot.
- Pour la version classique, on verse la vodka, puis le jus de pomme et on sert !

Cosmopolitan et sa version jelly

POUR 1 COCKTAIL

Pour la version classique :
4 cl de vodka
2 cl de triple sec
4 cl de jus de canneberge (ou cranberry)
1 cl de jus de citron

Pour la version gélifiée, ajouter :
2 feuilles de gélatine de 2 g
50 g de sucre coloré en rouge
1 jus de citron vert

RECETTE

- **Pour la version classique, mélanger tous les ingrédients.**
- **Pour la version gélifiée : mettre la gélatine à tremper dans de l'eau bien froide, puis disposer le jus de citron vert dans une coupelle et le sucre rouge dans une autre.**
- **Tremper le haut du verre dans le jus de citron, puis dans le sucre coloré pour avoir un bel effet givré.**
- **Mettre tous les autres ingrédients sauf la gélatine dans une casserole et porter à ébullition.**
- **Hors du feu, ajouter la gélatine essorée et mélanger.**
- **Remplir les verres et laisser prendre au frais pendant 3 heures minimum. Déguster !**

Cidre chaud

PRÉPARATION 10 MIN | CUISSON 5 MIN

POUR 6 PERSONNES

6 pommes
6 bâtons de cannelle
6 clous de girofle
12 cl de rhum
36 cl de cidre brut

RECETTE

- **Dans une casserole, faire chauffer le cidre avec le rhum, les clous de girofle et la cannelle sans porter à ébullition.**
- **Creuser les pommes en retirant le cœur et la chair à la boule parisienne.**
- **Verser le cidre chaud et se régaler.**

Mocktail arc-en-ciel

POUR 1 COCKTAIL

3 cl de sirop de fraise ou de grenadine
6 cl de jus d'orange
6 cl de limonade avec zéro sucre
2 gouttes de colorant bleu
Glaçons

RECETTE

- **Au fond du verre, déposer le sirop.**
- **Remplir ensuite le verre de jus d'orange, le verser tout doucement à l'aide d'une petite cuillère.**
- **Coller la petite cuillère sur une paroi intérieure du verre, et faire couler tout doucement le liquide dans la cuillère.**
- **Ajouter ensuite la limonade préalablement colorée en bleu avec le colorant, selon le même procédé.**
- **La densité des différents liquides (du plus sucré au moins sucré) permet d'obtenir les différentes couches en les superposant. Pour cela, il faut toujours utiliser la petite cuillère. Il est donc possible d'adapter le cocktail à votre goût en respectant les différentes densités.**

Mocktail sunrise

POUR 1 COCKTAIL

3 cl de grenadine
9 cl de jus d'orange

RECETTE

- Pour la version classique, verser dans le fond du verre la grenadine et verser tout doucement le jus d'orange. Servir bien frais.
- Pour la version glacée, verser la grenadine au fond des moules, puis verser tout doucement le jus d'orange. Ajouter les bâtonnets et laisser prendre au congélateur au moins 4 heures.

Table des recettes

Index

Diplômé de l'école de gastronomie Ferrandi, **Guillaume Marinette** a participé au développement de Chefclub, la première page Facebook de France (30 millions d'abonnés, 600 millions de vues mensuelles), grâce à la création de plus de 200 recettes. Il se consacre désormais à l'écriture de livres de cuisine ainsi qu'au développement de son site et de sa page YouTube : Apéro Addict (AperoAddict.tv).

REMERCIEMENTS

Merci à Agathe, Audrey, Emmanuel, Fanny, Rose-Marie et toute l'équipe de Marabout pour votre confiance et votre investissement à l'égard de mon travail !

Merci à David et Christine, mes acolytes de travail, avec qui j'ai un grand plaisir à travailler et à grignoter tout ce qu'on a pris en photo.

Merci à Francis pour tes encouragements perpétuels !

Merci à Franck & Christelle, pour votre amitié depuis toutes ces années.

Enfin, merci à ma mère pour m'avoir donné le goût de la cuisine.

Retrouvez-moi sur aperoaddict.tv.

SHOPPING

BHV : www.bhv.fr
Michèle Brady : www.michelebradyceramiques.com
Laurette Broll : www.laurettebroll.com
Dassie Artisan : www.dassieartisan.com
Makiko Hastings chez Nous Paris : www.nousparis.com
Marion Graux : www.mariongraux.com
Habitat : www.habitat.fr
Mathilde Lachal : www.mathildelachal.com
Merci : www.merci-merci.com
La Trésorerie : www.latresorerie.fr
Merci à Alexandre pour son marbre blanc / Antiquaire Marché Paul Bert Allée 4 - Stand 180 - rue des Rosiers - 93400 Saint-Ouen

58, rue Jean-Bleuzen
92178 Vanves Cedex

Conception des recettes et réalisation : Guillaume Marinette
Photographies : David Japy
Stylisme : Christine Legeret
Mise en pages : Les PAOistes
Relecture : Claire Chamot, Irène Colas et Marie Gosset

4457524/01
ISBN : 978-2-501-13631-0
Dépôt légal : octobre 2018
Achevé d'imprimer en Italie par Stige en septembre 2018